TUDO MUDA

Um guia alegre e sincero sobre a puberdade

Nina Brochmann   Ellen Støkken Dahl

TUDO MUDA

Um guia alegre e sincero sobre a puberdade

Ilustrações de
Magnhild Winsnes

Tradução de
Kristin Garrubo

O selo jovem da Companhia das Letras

SUMÁRIO

OLÁ!	7
PUBERDADE... AQUI VAMOS NÓS!	9
VOU SER ALTA OU BAIXA?	15
PEITOS	21
QUADRIS, BUNDAS E COXAS	31
BROTANDO A OLHOS VISTOS	37
CRISE DE ESPINHAS	45
SUOR	53
PARTES ÍNTIMAS	61
POR DENTRO	67
CORRIMENTO	77
MENSTRUAÇÃO	83
POR QUE MENSTRUAMOS?	89
INCÔMODOS MENSTRUAIS: CÓLICAS, DIARREIA E INDISPOSIÇÃO	99
TUDO SOBRE ABSORVENTES E COLETORES MENSTRUAIS	105
POBREZA MENSTRUAL	123
DOENÇAS QUE AFETAM A MENSTRUAÇÃO	129
CLITÓRIS	135
HÍMEN	139

INTERSEXUAL	147
SERÁ QUE TODA MENINA PRECISA TER CORPO BIOLOGICAMENTE FEMININO?	153
RAZÃO E EMOÇÃO	161
SEU CÉREBRO NÃO ESTÁ PRONTO	165
O QUE SÃO AS EMOÇÕES?	173
EMOÇÕES NEGATIVAS E SAÚDE MENTAL	183
GERAÇÃO ALFA	193
BEM PERTINHO	199
APAIXONADA?	201
BEIJOS E AMASSOS	213
CÓCEGAS NA XOXOTA	219
A ESCADA DA INTIMIDADE	227
ABUSO SEXUAL	239
NUDES	245
LIMITES	249
CARA LEITORA	253
ONDE CONSEGUIR AJUDA?	255
OBRIGADA!	259
FONTES	261
SOBRE AS AUTORAS E A ILUSTRADORA	267

OLÁ!

Nós somos a Ellen e a Nina, médicas, especializadas no corpo humano. Estamos muito felizes por você ter escolhido ler *Tudo muda: Um guia alegre e sincero sobre a puberdade.*

Seu corpo logo vai passar por uma transformação. Ou será que já está passando? Estamos animadas por você, porque nos lembramos muito bem de como foi esse momento para nós. Mesmo que a experiência da puberdade varie bastante, tem algo que é igual para todo mundo: o amadurecimento, tanto da cabeça quanto do corpo. Você vai deixar de ser uma criança para se tornar uma adulta e encontrar seu lugar no mundo. Mesmo que seja angustiante, é uma transformação incrível!

A puberdade pode ser um desafio. O corpo e as emoções mudam, e nem sempre é fácil encontrar respostas para suas dúvidas. A escola talvez não te ensine tudo o que você precisa ou quer saber, mas nós vamos te ensinar, porque sabemos que conhecer nosso próprio corpo traz tranquilidade e confiança.

Assim como todas as pessoas adultas do planeta, nós já passamos pela puberdade. Tivemos muitos e diferentes desafios, mas com os anos descobrimos que não éramos as únicas a enfrentar esses problemas. Nosso objetivo é que este livro te mostre isso também. Você não está sozinha. Fazemos parte de uma grande torcida que tem o prazer de te receber no clube.

Beijos,

Ellen e Nina

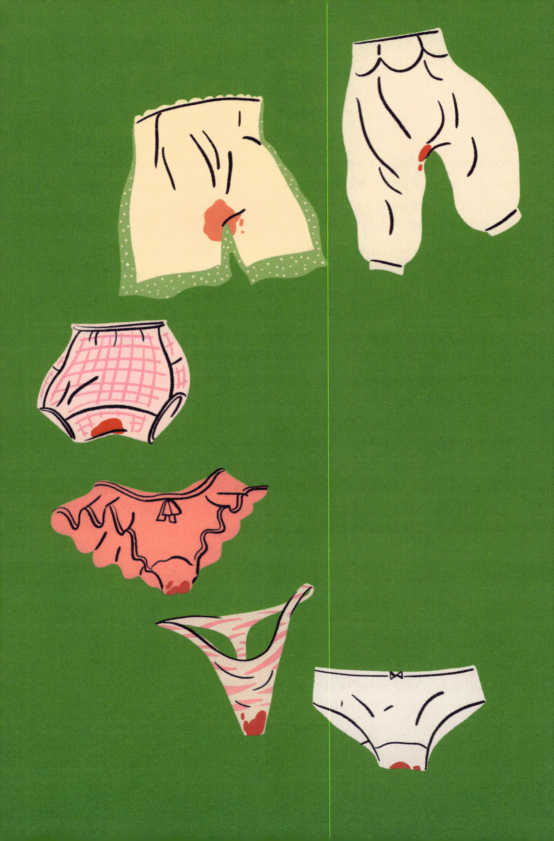

PUBERDADE... AQUI VAMOS NÓS!

A palavra "puberdade" vem do latim e significa se tornar "madura" ou "crescida". Você está passando por um processo de amadurecimento, como uma fruta — mas ninguém vai te morder, pode ficar tranquila. Tornar-se madura só quer dizer que seu corpo está se preparando, por dentro e por fora, para que você um dia possa ter filhos, se quiser.

Geralmente, a primeira mudança ocorre nos peitos. Depois aparece um tipo diferente de pelo nas suas axilas e no púbis. Ao mesmo tempo, você começa a crescer, às vezes num ritmo alucinado. E um dia, de repente, ao voltar de férias, pode descobrir que ficou um tanto mais alta que os meninos da sua sala.

Na surdina, uma transformação também acontece por dentro: seus órgãos genitais internos despertam. O primeiro indício disso é uma mancha branca na calcinha, chamada de secreção vaginal. É um sinal de que não vai demorar muito para você começar a menstruar, e a menstruação é uma das últimas coisas a acontecer com o corpo na puberdade. Quando você menstrua, o corpo está maduro por dentro e por fora, mas ainda falta a parte mais importante: o cérebro. Seu cérebro só vai estar totalmente desenvolvido mais ou menos na época da faculdade.

QUANDO COMEÇA A PUBERDADE?

As pessoas atingem a puberdade em idades muito variadas. Algumas já têm pelos pubianos aos oito anos, enquanto outras não percebem nada até os catorze. No entanto, o mais comum é que nossos peitos comecem a se transformar por volta dos dez anos, e que a menstruação chegue mais ou menos aos treze. Os corpos biologicamente masculinos entram na puberdade um ou dois anos depois dos corpos biologicamente femininos. Isso significa que por um longo período no ensino fundamental existem diferenças enormes entre nós, tanto na aparência física quanto no comportamento.

> Não se preocupe! Todas entram na puberdade. Mas não ao mesmo tempo.

POR QUE SOMOS TÃO DIFERENTES?

Várias coisas determinam *quando* entramos na puberdade. Por exemplo, nosso histórico familiar, a quantidade de comida que comemos e o quanto dormimos são todos fatores importantes. O que essas coisas têm em comum? Bem, elas afetam nosso cérebro, onde são feitas as substâncias especiais que decidem quando a puberdade vai começar. Essas substâncias se chamam hormônios.

Por exemplo: se você dormir ou comer muito pouco, seu cérebro não aguenta produzir tantos hormônios e acha que você deve descansar um pouco mais antes de entrar na puberdade. Assim que o cérebro entender que o corpo está pronto, ele começa a criar os hormônios, que vão controlar o corpo e avisar que está na hora de se transformar.

O QUE SÃO HORMÔNIOS?

Os hormônios não são produzidos apenas no cérebro, mas em diversos lugares do nosso organismo. Circulam com o sangue dentro dos vasos sanguíneos, e o corpo usa esses hormônios para mandar mensagens sobre tarefas que precisam ser executadas.

O cérebro pode mandar uma mensagem para o útero dizendo: *É hora de começar a menstruar.* Então, depois que o útero realiza a tarefa, os hormônios avisam ao cérebro como está indo: *A menstruação está a caminho!*

O QUE OS HORMÔNIOS FAZEM?

São nossos hormônios que decidem quando a puberdade começa, o ritmo em que se desenvolve e quando termina. Alguns hormônios nos fazem crescer, outros nos fazem ficar apaixonadas. Outros ainda nos deixam com fome ou sono. Muitos hormônios trabalham melhor à noite, enquanto dormimos. Afinal, é nessa hora que o corpo tem sossego para trabalhar direito! Por isso é importante dormir o suficiente na puberdade. Assim podemos crescer e nos desenvolver como é necessário.

HORMÔNIOS SEXUAIS

Os hormônios que têm a ver com nosso sexo biológico — conhecidos como hormônios sexuais — se tornam especialmente importantes na puberdade. Isso porque eles transformam nosso corpo de criança em um corpo biologicamente masculino ou feminino. O *estrogênio* é o hormônio feminino, e a *testosterona* é o hormônio masculino. A predominância de estrogênio dá ao corpo seios e mais gordura, ao passo que a testosterona causa mudança de voz e crescimento de barba, pelos corporais e mais músculos. Todo mundo tem um pouco de ambos os hormônios sexuais. Na verdade, é o hormônio masculino que causa espinhas, pele oleosa e alterações no crescimento dos pelos durante a puberdade das meninas.

O que é uma menina?

Como você está vendo, escrevemos sobre meninas e meninos, hormônios masculinos e femininos, corpos de homem e mulher. Mas é importante lembrar que nem sempre o tipo de corpo que você tem corresponde ao seu gênero. Existem meninos com corpo biologicamente feminino e meninas com corpo biologicamente masculino.

Algumas pessoas têm um corpo misto, enquanto outras não se identificam nem como "meninas" nem como "meninos". Ser menina pode significar muitas coisas. Nem tudo o que está neste livro vai combinar com todas as meninas. E não importa se você é menina ou não: achamos que pode se reconhecer em algumas coisas que abordamos independentemente do gênero com o qual se identifica.

VOU SER ALTA OU BAIXA?

Hoje, Nina tem pouco mais de 1,60 m, enquanto Ellen tem por volta de 1,70 m. A altura média das mulheres brasileiras é de 1,61 m, enquanto a altura média das mulheres norueguesas é de 1,67 m, ou seja, Nina está na faixa inferior da escala, enquanto Ellen está próxima da média. Talvez você pense que sempre foi assim, que Nina sempre foi a mais baixa. Mas não. Nina já foi considerada alta. Quando tinha doze anos, aliás, era uma das mais altas da turma. Ellen, por outro lado, foi a mais baixa da sala até quase o ensino médio. Como será que elas trocaram de lugar?

CRESCEMOS NA PUBERDADE

Passamos por saltos de crescimento desde que nascemos. Quando somos bebês, isso acontece num ritmo vertiginoso, muitas vezes vários centímetros por mês. Depois o crescimento se acalma. Na infância, nossa altura aumenta alguns centímetros por ano de modo constante. Quando chegamos à puberdade, o corpo volta a espichar muito rapidamente. É o que chamamos de surto de crescimento, ou o famoso *estirão*. Podemos crescer até dez centímetros por ano!

Isso pode causar problemas. As roupas ficam pequenas da noite para o dia. Muitas vezes os ossos crescem em ritmo descompassado, e as partes do corpo parecem peças de diferentes quebra-cabeças. Os braços e as pernas podem ficar muito compridos em relação ao resto do corpo, e por um período você talvez se torne desajeitada e desengonçada. Felizmente, o corpo acaba se ajeitando aos poucos, e todas as peças se encaixam no final.

É o cérebro que decide quanto e em que ritmo crescemos, pois produz o que chamamos de hormônio do crescimento, que é enviado para o corpo inteiro através do sangue com uma mensagem clara: *Está na hora de crescer!*

OSSOS E CARTILAGEM

Nosso esqueleto tem mais de duzentos ossos. Quando o cérebro libera o hormônio do crescimento, eles fazem o que se espera: começam a crescer. E os ossos longos dos braços e das pernas são os que mais se esticam. Nossos ossos só podem crescer durante a infância, porque ossos de criança têm uma cartilagem mole em cada extremidade; essas são as zonas de crescimento especiais.

Ao receber o hormônio do crescimento, o corpo da criança cria mais tecido ósseo, o que deixa os ossos cada vez mais compridos. No final da puberdade, os pedaços de cartilagem também se tornam ossos duros, e então não há mais como os ossos crescerem, não importando se o cérebro produz mais hormônio do crescimento ou não. Para a maioria das pessoas, as zonas de crescimento desaparecem por completo entre dezesseis e vinte anos de idade.

Sabia que você para de crescer dois anos depois de menstruar?

Outras partes do corpo podem continuar a crescer, mesmo que os ossos percam a capacidade de se alongar. Nariz e orelhas, por exemplo, ainda vão obedecer ao hormônio do crescimento e aumentar. Por isso seu rosto muda mesmo depois que você para de espichar.

MENSTRUAÇÃO E ALTURA

A fase mais intensa do surto de crescimento dura por volta de um ano. Aí aparece uma nova visita: a menstruação. Depois de menstruar, o corpo cresce num ritmo mais lento até parar, mais ou menos dois anos depois de sua primeira menstruação. Nesse momento você atinge sua altura máxima e não cresce mais, mesmo depois de adulta.

Isso quer dizer que quanto mais cedo você menstruar, mais cedo vai parar de crescer. Portanto, as meninas que entram na puberdade cedo tendem a ficar mais baixas do que as que atingem a puberdade mais tarde. É uma regra simples, mas não existe regra sem exceção. Se você já é alta quando menstrua, pode muito bem acabar entre as meninas mais altas da escola. Afinal, ninguém encolhe só porque menstrua primeiro.

Talvez você já tenha adivinhado a resposta para o mistério da altura de Nina e Ellen! Nina, que teve a primeira menstruação aos dez anos, parou de crescer com doze. Ellen, que menstruou cinco anos mais tarde, acabou tendo bastante tempo para ultrapassar Nina.

CRESCER DÓI?

Muitas crianças sofrem de dores de crescimento, tanto antes quanto durante a puberdade. São dores chatas, mas nada perigosas. Tendem a surgir à noite e geralmente se concentram nas panturrilhas ou nos grandes músculos da parte da frente das coxas. Cada episódio costuma durar de trinta minutos a uma hora e logo passa, espontaneamente; não há necessidade de tomar remédio ou fazer qualquer outro tipo de tratamento.

Que altura você vai ter?

Nossa altura é determinada sobretudo pela altura de nossos pais, ou seja, é uma questão de genética. Se você quer saber quanto vai medir, pode fazer a seguinte conta:

Some a altura de sua mãe e a altura de seu pai biológicos, diminua treze centímetros e divida o número por dois.

O resultado dessa conta será uma estimativa da sua altura, mas a margem de erro é grande. Você pode ser até dez centímetros mais alta ou mais baixa. Isso se aplica especialmente se um de seus progenitores é muito alto ou muito baixo.

Para os meninos, a fórmula é quase a mesma, só que, em vez de subtrair, você adiciona treze centímetros.

PEITOS

Há peitos de todos os tamanhos, formatos e cores. Podem ser grandes e macios como um pufe ou pequenos e firmes como ameixas. Alguns parecem uma rampa de esqui, outros estão virados para as axilas ou ainda se juntam no meio. Os mamilos — ou o "bico do peito", como gostamos de chamar — também variam. Podem parecer pequenos pires ou não passar do tamanho de uma moeda. Alguns bicos são voltados para dentro e outros para fora.

NÓDULOS DUROS E SENSÍVEIS

Para a grande maioria das meninas, os peitos são a primeira coisa que muda na puberdade. Tudo começa com o inchaço dos mamilos. Sob a pele, por trás do mamilo, você sente um nódulo duro e sensível, que dá até para segurar e mover com os dedos. Muitas vezes aparece de um lado primeiro. À medida que os peitos e os bicos crescem, pode ser incômodo dormir de bruços ou usar roupas que fiquem em contato direto com a pele. Um simples esbarrão, por exemplo, pode causar uma dor terrível.

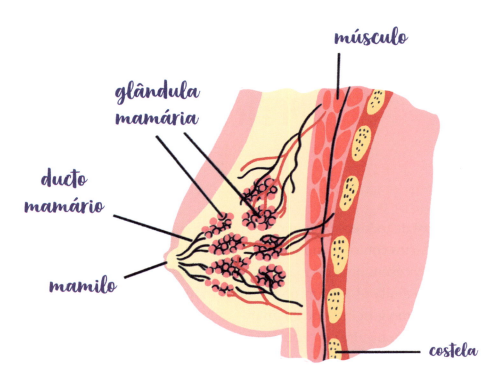

COMO CRESCEM OS PEITOS?

A partir do momento em que os primeiros caroços duros aparecem sob a pele, leva geralmente alguns meses para que os nódulos sensíveis se transformem em algo mais. Eles começam a se estender um pouco, e você passa a sentir um inchaço macio também em volta do mamilo. Continuam a crescer assim por mais ou menos dois anos, até estarem totalmente formados. Podem chegar a tamanhos variados, determinados pela genética. Em algumas famílias, as mulheres têm seios grandes; em outras, pequenos.

É comum que uma pessoa tenha um peito maior que o outro, e a diferença pode ser especialmente visível na puberdade, antes de os dois se igualarem. No entanto, quase todo mundo tem mesmo uma ligeira diferença entre os seios. Por algum motivo curioso, o esquerdo muitas vezes é o maior.

Com vocês, meu terceiro peito

Todas as pessoas têm mamilos. A maioria tem dois, um de cada lado da região peitoral. Mas você sabia que mais de um por cento de todas as pessoas do mundo têm três (ou mais) mamilos quando nascem? O mamilo extra se encontra numa linha reta a partir de um dos dois mamilos normais, ou para cima, dentro da axila, ou mais para baixo, no ventre. Muitas vezes parece uma pinta, mas também pode se desenvolver na puberdade e se transformar numa mama. Nesse caso, é comum removê-lo cirurgicamente.

Nós, seres humanos, podemos ter esses mamilos a mais porque durante o processo de desenvolvimento do feto temos as sementes embrionárias de vários mamilos ao longo do abdome, assim como nossos amigos animais, os cães e os gatos. O mamilo extra é um engenhoso lembrete evolucionário de onde viemos: do reino animal.

MAMILOS

Os mamilos têm cores de todos os tons possíveis, desde marrom-escuro até o cor-de-rosa quase translúcido. A maioria é um pouco protuberante, mas alguns são voltados para dentro (e podem, com o tempo, se virar para fora). É comum, afinal, ter dois mamilos de aparências bastante diferentes, porque ninguém tem um corpo totalmente simétrico — ou seja, com dois lados idênticos.

Normalmente, os mamilos são macios e flácidos, mas às vezes enrijecem, adquirindo um aspecto mais duro e podendo se esticar para fora. Isso acontece por vários motivos: se você estiver com frio, se for amamentar um bebê, se ficar excitada ou se sentir cócegas e arrepios.

ARÉOLA

A região circular em volta do mamilo tem um nome lindo: *aréola*. Essa região costuma ficar mais larga durante a puberdade, e muitas vezes tanto a aréola quanto o mamilo adquirem uma cor mais escura, que vai depender de sua cor de pele. À medida que pelos mais duros e grossos crescem no púbis e nas axilas, é completamente normal que apareçam alguns pelos longos e duros na borda da aréola também.

POR QUE TEMOS PEITOS?

Na adolescência, talvez você se preocupe muito com a *aparência* dos seus peitos, mas saiba que eles vão muito além do visual — e estão ali por um motivo bem prático. Nós, seres humanos, somos mamíferos e, assim como outros mamíferos, fornecemos um alimento importante para nossos bebês através das mamas, isto é, dos nossos peitos.

Quando seus peitos estão totalmente desenvolvidos, você pode sentir pequenos caroços e coisinhas de textura irregular ali dentro se apertá-los. Muitas meninas já nos perguntaram se esses nódulos nos peitos são perigosos, mas são perfeitamente normais. Todo mundo tem. São glândulas mamárias e ductos mamários envoltos em gordura.

A produção de leite é controlada por hormônios do cérebro, e se você um dia engravidar, essas glândulas vão ficar maiores e prontas para alimentar seu bebê com leite que vem de minúsculos canais do bico do peito. O sistema hormonal foi tão engenhosamente projetado que só *pensar* no seu bebê pode fazer o leite esguichar de seus seios.

PEQUENOS GRANDES PROBLEMAS

Peitos são legais, mas também podem causar problemas. Alguns seios crescem tanto que se tornam pesados demais de carregar, provocando dores nos ombros, no pescoço e nas costas. Os músculos da parte de trás do tronco ficam cansados, como se carregassem uma mochila pesada o tempo todo — só que na frente. Para a maioria, usar um bom sutiã de suporte resolve o problema.

Meninos e peitos

Corpos femininos e masculinos são mais parecidos do que você imagina. Na puberdade, até metade de todos os meninos apresenta aumento do volume das mamas. Nós, da comunidade médica, chamamos isso de ginecomastia, algo que ocorre porque a quantidade de hormônios no sangue aumenta durante a puberdade. Para a maioria dos meninos, esse crescimento se reverte por conta própria dentro de dois anos.

Para um pequeno número de meninas, o incômodo fica tão grande que pode ser necessária uma cirurgia de redução das mamas, conhecida também como mamoplastia redutora.

Não existe um parâmetro definido para dizer quando alguém tem peitos "grandes demais". O que é grande demais para uma pessoa pode ser do tamanho certo para outra. A necessidade de cirurgia depende de você e suas queixas. Por exemplo, Annie Hawkins, a mulher com os maiores peitos naturais do mundo, diz que não faria cirurgia e que nunca teve dor nas costas devido ao peso.

Já outras pessoas acham os próprios peitos pequenos demais, ou em relação ao resto do corpo ou em comparação com os peitos das amigas. Esse tipo de pensamento é comum na puberdade e vai passando com a idade. Mas, para certas pessoas, infelizmente esse incômodo não melhora nunca. Pode ser tão forte que as pessoas não têm coragem de namorar nem de usar biquíni, mesmo depois de adultas. Nesse caso, algumas mulheres optam por aumentar o tamanho do busto injetando solução salina ou colocando silicone por meio de cirurgia.

O procedimento para mudar a aparência dos peitos é um tipo de cirurgia plástica. Se alguém tiver graves problemas físicos ou mentais em função dos seios, o sistema norueguês de saúde pública pode cobrir a assistência médica, assim como faz

o SUS (Sistema Único de Saúde) aqui no Brasil. Se, por outro lado, a pessoa desejar ter peitos grandes ou pequenos devido a algum ideal de beleza, ela mesma tem de arcar com o custo.

Na Noruega, a lei diz que é preciso ter no mínimo dezesseis anos para tomar decisões relativas a questões médicas sobre o próprio corpo. No caso das cirurgias plásticas por motivação estética, a pessoa deve ter dezoito anos ou mais. No Brasil, a situação é parecida: a idade mínima para decidir sobre intervenções médicas no próprio corpo é dezoito anos. Antes dessa idade, só é possível realizar procedimentos com autorização do responsável legal. Isso porque resistir à pressão social pelo corpo perfeito exige maturidade, e na adolescência nem todas entendem as consequências de tais cirurgias. Já que é muito comum ter problemas com a autoimagem na juventude, o intuito é proteger as jovens de escolhas das quais possam se arrepender mais tarde.

SUTIÃ – VOCÊ VAI USAR?

Sutiã vem do francês *soutien*, que significa "sustenta--seios", ou seja, justamente sua função: sustentar os seios, ou os peitos. Existem também os binders, que são faixas compressoras para disfarçar os seios de quem não se sente confortável com eles. Se você quer ou não usar sutiã, e que tipo de sutiã prefere, é uma questão de gosto. Tem um pouco a ver com a cultura também.

Com isso queremos dizer que todas somos influenciadas pelo que as outras pessoas fazem e pensam. Tanto na Noruega quanto no Brasil é comum usar sutiã. Isso significa que algumas mulheres podem se sentir obrigadas a usar para serem aceitas.

Usar ou não sutiã não vai afetar a aparência de seus seios. Você não vai ter seios caídos se deixar de usar! E um sutiã apertado não vai impedir que seus peitos cresçam.

DIVERSOS TIPOS DE SUTIÃ

Algumas mulheres optam por dispensar o sutiã para ter uma sensação de liberdade e conforto. Outras preferem usar porque o sutiã protege os mamilos da fricção e impede os peitos de balançarem a cada movimento. Outras ainda usam o sutiã para levantar os peitos, dar a eles uma determinada forma ou disfarçar os bicos debaixo da roupa.

Existem muitos tipos de sutiã. Alguns — por exemplo, os sutiãs esportivos — apertam os peitos, deixando-os mais achatados e oferecendo um suporte reforçado. Outros são tão macios e flexíveis que você quase esquece que está usando.

Além disso, há aqueles com aros de metal, forro e bojo, que acentuam o busto e fazem os peitos parecerem maiores. Cada mulher adepta do sutiã tem seu modelo preferido ou escolhe um para cada ocasião. O mais importante é descobrir qual você acha confortável e legal.

Guia para comprar seu primeiro sutiã

Em algumas marcas, os tamanhos de sutiã consistem em um número seguido de uma letra, por exemplo, 42A ou 46D.

Para descobrir seu tamanho, você precisa medir a circunferência do tronco em dois lugares: primeiro, logo sob o busto; depois, onde os peitos são maiores. A medida embaixo dos peitos indica o tamanho de sutiã a escolher, ou seja, o número, enquanto a medida do próprio busto determina a letra, ou o *tamanho da taça*.

Muitas pessoas acham que o tamanho da taça é sempre o mesmo; como se, por exemplo, uma taça B fosse igual no 42B e no 46B. Mas não. O tamanho da taça diz respeito à *proporção* entre as duas medidas e precisa ser conferido numa tabela. Todas as lojas que vendem sutiãs com esse tipo de medida têm tabelas em que você pode conferir seu tamanho. Se você achar a tabela difícil de entender (nós achamos), pode pedir ajuda para uma atendente. Muitas lojas oferecem ajuda até para tirar as medidas.

Alguns sutiãs são vendidos com a mesma numeração de outras peças de roupa: 34, 36, 38, 40… e por aí vai. Já alguns modelos são vendidos com os tamanhos PP, P, M, G, GG… Nem sempre o número do seu sutiã será igual ao número de sua camiseta, mas pode ser um primeiro referencial para começar a provar. A maioria das lojas também oferece uma tabela de medidas em centímetros que informa a circunferência do sutiã.

É importante escolher um sutiã que fique bem em você, mas sem ser tão apertado que incomode ou deixe marcas na pele. Se você tiver peitos grandes, é especialmente importante escolher um sutiã que dê sustentação reforçada. Em geral, o modelo tem alças largas e taças com aros.

QUADRIS, BUNDAS E COXAS

Durante a puberdade, nosso esqueleto não cresce só em altura, mas também em largura. No caso das meninas, são sobretudo os ossos do quadril que se alargam. Formam um círculo — como se fosse um funil ou uma boia inflável, com um furo no meio. Através dessa boia, a uretra, a vagina e o reto saem do abdome.

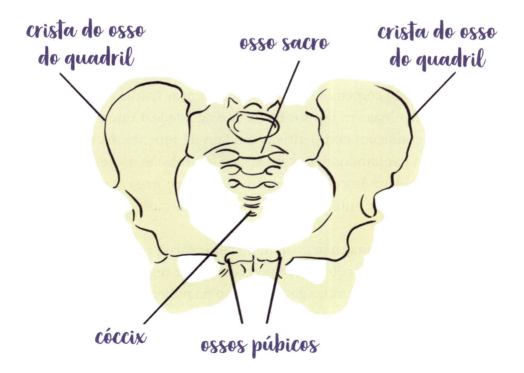

O quadril das meninas se alarga para que seja possível parir filhos pela vagina. Simplesmente precisamos de mais espaço ali dentro do que os meninos. O quanto o anel formado pelos ossos do quadril se expande na puberdade varia muito de uma menina para outra. Se você tiver um quadril estreito por fora, não significa que não vai poder ter filhos mais tarde. O que importa é o tamanho do canal interno.

MAIS GORDURA NO CORPO

Na puberdade, as meninas ganham mais gordura corporal do que os meninos. O estrogênio, o hormônio feminino, faz com que as meninas comecem a acumular gordura em novas áreas do corpo, como a bunda, os quadris, as coxas e a parte de cima dos braços. A gordura é a reserva do corpo para tempos difíceis.

Antes da puberdade, a forma do nosso corpo é definida sobretudo pela quantidade de atividade física que fazemos e pelo tipo de comida que comemos. Há poucas diferenças físicas entre meninos e meninas em termos de força e agilidade. Com a puberdade, as condições competitivas mudam de repente. As meninas acabam ganhando menos músculos em relação ao peso e, portanto, podem descobrir que não conseguem mais fazer as mesmas coisas que antes — o que às vezes é bastante desmotivador.

Algumas meninas não gostam de ver o corpo mudar e pensam que algo está errado ou que precisam fazer regime. Mas a questão é: todas as meninas ganham peso na puberdade e na adolescência. Isso além de saudável e natural, é uma parte importante da nossa transformação de crianças a adultas.

NEM TODAS AS MENINAS SÃO IGUAIS

Mesmo que o estrogênio faça todas as meninas mudarem na puberdade, nossa aparência varia. Por exemplo, algumas ficam altas e delgadas, enquanto outras ficam baixas e corpulentas. Sua aparência muda um pouco se seu peso mudar, mas é em grande parte determinada pela natureza. Não podemos controlar nosso esqueleto ou os locais onde acumulamos gordura. Com dieta e exercícios, é possível ganhar ou perder peso e massa muscular, mas moldar o corpo é praticamente impossível. Doses enormes de exercício serão necessárias para fazer até mesmo mínimas mudanças no formato natural do nosso corpo.

ESTRIAS

A maioria de nós vai ficar com estrias em algum momento da vida. As estrias são linhas de coloração diferente na pele. Vamos chamá-las de listras de tigresa! Elas aparecem quando o corpo cresce tão rápido que a pele não consegue acompanhar. Ao ser esticada mais do que suporta, a pele acaba se ferindo. As estrias, então, são uma espécie de cicatriz que não desaparece, embora possa ficar menos visível com o passar dos anos.

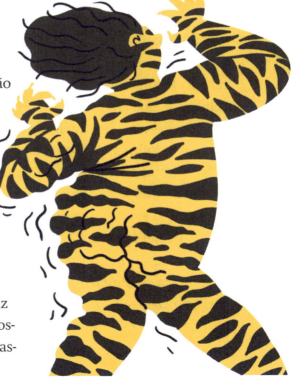

É normal ficar com estrias nos períodos da vida em que crescemos muito. A puberdade é uma dessas épocas. As estrias também podem surgir se você engordar rapidamente em outro momento da vida, por exemplo, durante a gravidez. Elas tendem a aparecer nas coxas, na bunda, nos peitos e na barriga.

CELULITE

A celulite causa pequenos furos e irregularidades na pele, o que também é conhecido como "efeito casca de laranja", numa referência aos furinhos da fruta. A grande maioria das meninas tem celulite — que em geral se concentra na bunda e na parte de trás das coxas —, um fenômeno comum, inofensivo e totalmente natural. A celulite pode ficar mais ou menos visível se você mudar de peso, mas a quantidade é determinada principalmente por seus genes, ou seja, não é um sinal de que você se exercita pouco ou de que deve perder peso. Há meninas magras e musculosas com muita celulite e meninas mais gordas que quase não têm covinhas na bunda.

A celulite é normal! Podemos chamar os furinhos de covinhas.

É TUDO FALSO

Você já deve ter visto propagandas com mulheres sem qualquer vestígio de celulite e se perguntado como elas conseguem isso. Em geral, as imagens de pessoas sem celulite são resultado de Photoshop, ou seja, é tudo falso. Além do mais, as modelos fazem poses que escondem a celulite. Até existem cremes que prometem tonificar a pele e eliminar os buraquinhos, mas não passam de uma farsa. Não existe nenhum tratamento bom para evitar a celulite. Se quer saber nossa opinião, é melhor gastar o tempo com algo divertido ou útil do que lamentar umas covinhas na bunda.

BROTANDO A OLHOS VISTOS

Um dos primeiros sinais do corpo de que você está entrando na puberdade são os pelos. Na virilha e nas axilas brota um novo tipo de pelo, que é mais longo e grosso do que aqueles que você já tem. Geralmente, a cor é semelhante à de suas sobrancelhas. Algumas pessoas têm pelos bem loiros, outras têm pelos ruivos, castanhos ou pretos. Muitas vezes esses pelos são encaracolados, mesmo que os fios do seu cabelo sejam lisos.

No início você só nota alguns pelos grossos no púbis, mas depois de um ano você perde a conta de quantos fios aparecem na virilha. No fim, terá uma moita inteira lá embaixo. Esse tufo não está totalmente crescido até você chegar na casa dos vinte anos. A essa altura, as mulheres têm pelos que cobrem todo o monte pubiano e os lábios genitais. Os pelos se estendem além do ânus até o cofrinho e com frequência descem pela parte interna das coxas, bem para baixo da borda da calcinha. Algumas têm pelos no abdome também. Além disso, você vai ter pelos nas axilas. Muitas meninas, especialmente as de cabelos escuros, percebem pelos mais escuros surgindo acima do lábio superior.

PELOS SÃO ÓTIMOS

Ninguém sabe ao certo por que outro tipo de pelo aparece justamente no púbis e nas axilas dos humanos durante a puberdade, mas os cientistas têm muitas teorias. Em primeiro lugar, os pelos são muito bons para proteger a região genital contra as impurezas e sujeiras que vêm de fora. Além disso, os pelos nos tornam mais sensíveis. Afagar os pelos dá uma sensação agradável. Experimente você mesma! Passe a mão sobre os pelos do braço sem encostar na pele. Faz cócegas, não é?

No entanto, a teoria mais popular é a de que os pelos estão aí para preservar e espalhar o cheiro do corpo. Assim como é o caso de muitos animais, a ideia é que os seres humanos escolhem seus parceiros com base em odores atraentes. Nós basicamente farejamos um par adequado!

O NÚMERO DE PELOS AUMENTA NA PUBERDADE?

Muitas pessoas acham que a quantidade de pelos aumenta na puberdade, mas não. Você tem o mesmo número de pelos que tinha antes. Na verdade, desde quando era bebê.

Mas como se explica isso? E os novos pelos na minha xoxota? E as sobrancelhas que de repente estão se juntando no meio da testa? Não venha me dizer que os bebês têm bigode!

Sim, os bebês têm bigode. Você que nunca notou. Nascemos equipadas com milhões de pequenos folículos pilosos. Os folículos pilosos ficam na pele, e no fundo de cada um deles cresce o pelo, devagar e sempre. Quando você é criança, os pelos são finos e macios, quase da mesma cor de sua pele, embora algumas pessoas tenham pelos um pouco mais claros e outras, um pouco mais escuros. Alguns pelos quase se confundem com a pele e podem ser difíceis de enxergar, mas isso não significa que não estejam ali. Você tem pelos por todo lado! Nos braços, nas coxas e no queixo. Você está simplesmente recoberta de penugem.

À medida que crescemos, mantemos os folículos pilosos que tínhamos desde o começo. Não ganhamos novos folículos pilosos, o que significa que tampouco teremos mais pelos do que quando nascemos.

OS PELOS MUDAM

A conclusão, portanto, é que o número de pelos não aumenta durante a puberdade, mas alguns dos pelos que temos se transformam. Podem mudar de cor, espessura e rigidez.

Durante a puberdade, os folículos pilosos recebem mensagens hormonais para fazer um novo tipo de pelo. Alguns escutam a mensagem e produzem pelos mais rígidos e mais longos. Outros ignoram completamente a chamada dos hormônios e continuam a produzir o mesmo tipo de pelo de antes. É a genética que determina quantos folículos pilosos são *sensíveis aos hormônios* — ou seja, quantos escutam os hormônios — e onde estão localizados no corpo. Isso explica por que algumas meninas têm pelos grossos no lábio superior ou no abdome, enquanto outras mal têm pelos no púbis. Em outras palavras, se você vier de uma família peluda, a chance de você também ser peluda é grande.

PELOS, MANTÊ-LOS OU NÃO?

Hoje em dia, algumas mulheres optam por manter os pelos corporais, enquanto outras escolhem removê-los. Até poucos anos atrás o padrão era se depilar, e como tem sido tão comum tirar os pelos, muitas de nós se sentem pressionadas a fazer o mesmo. Algumas pessoas chegam até a pensar que corpos femininos quase não têm pelos, pois são quase sempre vistos depilados. Hoje, porém, é comum também dispensar a depilação, e várias mulheres mantêm os pelos da perna, axila e virilha.

VOCÊ DECIDE

É você quem decide se quer se depilar ou não. Além do mais, não há nada de errado em se depilar de vez em quando e depois deixar os pelos crescerem por um período. Faça o que quiser! Qualquer que seja sua escolha, é importante saber que pelos são naturais. Assim como os homens, nós, mulheres, temos pelos em alguns lugares. E isso não tem nada a ver com falta de higiene.

O MITO DA DEPILAÇÃO COM GILETE

Quando Nina era adolescente, estava na moda raspar as axilas. Ela queria experimentar, mas tinha medo do que ia acontecer, pois sua mãe sempre alertava que passar gilete podia modificar seus pelos para sempre.

De fato, é um mito comum. Muitas pessoas acham que raspar com gilete aumenta a quantidade de pelos e os deixa mais escuros e grossos. Já ouvimos até mulheres adultas dizendo que começar a usar gilete é um caminho sem volta: você vai transformar seus poucos pelos numa selva.

Mas isso é bobagem. Raspar os pelos não aumenta nem muda a natureza dos fios. Você pode muito bem raspar uma vez e depois deixar os pelos crescerem de novo. Passado algum tempo, eles vão estar como antes.

Uma aula de história peluda

A remoção dos pelos é uma questão de moda, e a moda da depilação mudou drasticamente ao longo da história. Trinta mil anos antes de Cristo, as pessoas já praticavam a remoção dos pelos. Na Antiguidade, usavam conchas como pinças para arrancar a barba e os pelos corporais. Depois disso, a moda passou por ondas. Por exemplo, no antigo Egito, a tendência era remover o máximo possível. As mulheres se depilavam, tirando todos os pelos do corpo e do rosto; raspavam até a cabeça!

No século XV, por outro lado, os pelos pubianos estavam em alta. O problema era só a falta de praticidade, pois as pessoas tinham muito piolho — e os piolhos adoram viver onde há grande quantidade de pelo ou cabelo. A solução foi a peruca pubiana! Assim eles podiam se depilar para evitar piolhos e ainda ter uma bela selva entre as pernas!

Nos últimos tempos as mudanças foram igualmente grandes. Na década de 1970 era comum as mulheres terem pelos tanto nas axilas quanto na virilha, enquanto nos anos 2000 a raspagem completa do púbis, da axila e da virilha voltou a ser tendência. Agora, mais de vinte anos depois, cada vez mais mulheres abrem mão da depilação. Os pelos voltaram à moda!

Se você optar por se depilar:

Se você quiser remover os pelos, as técnicas disponíveis são muitas. Nos primórdios, raspar com uma lâmina era o método mais simples e comum. Infelizmente, a gilete pode causar irritações ou arranhões na pele, inflamações e pelos encravados. Se você tiver algum desses problemas, nossas dicas de depilação podem te ajudar. Além da lâmina, é claro que existem muitas outras ferramentas, como o creme depilatório, o depilador elétrico, a cera e o laser.

- Peça uma gilete com lâmina limpa e nunca usada para um adulto de confiança.

- Tome cuidado para não se cortar. Pode ser uma boa ideia praticar primeiro num lugar de mais fácil acesso, onde você pode controlar melhor a lâmina, como no meio da canela.

- Olhe atentamente para seus pelos. Para que lado crescem? Você deve passar a gilete na direção do crescimento dos pelos, ou seja, na direção em que eles se deitam sobre a pele. Se você se depilar no sentido contrário, terá um resultado mais liso, mas a propensão a irritações, vermelhidão, pelos encravados e coceira aumentará à medida que os fios começarem a crescer de novo.

- Tome um banho primeiro e lave a área que vai depilar com água e sabão. Caso contrário, as bactérias da sua pele podem provocar inflamações nas pequenas feridas causadas pela lâmina.

- Lembre-se de usar bastante água quente e passe uma espuma de depilação ou sabão no local para facilitar a depilação. Dessa forma, os pelos se tornam mais macios e fáceis de cortar.

CRISE DE ESPINHAS

Uma das coisas mais chatas que acontecem na puberdade é o surgimento de espinhas: pequenas erupções vermelhas e doloridas que podem ficar inflamadas e amarelas, como vulcões em miniatura. As espinhas são um dos sintomas da acne, uma doença de pele muito comum. A acne causa pele oleosa, espinhas e cravos. As espinhas e os cravos podem aparecer no rosto, nas costas, no pescoço, nos ombros e no peito, e são bastante incômodos.

VOCÊ NÃO ESTÁ SOZINHA

Você não é a única a sofrer com a acne. Todos os adolescentes ficam com espinhas; alguns têm muito poucas, outros têm tantas que perdem a conta. Depende da genética, do tipo de pele e simplesmente da sorte. Um consolo é que o problema costuma se amenizar com o passar dos anos. Para a maioria, a pele fica pior por volta dos dezoito, e depois melhora gradativamente.

Na adolescência é comum ter espinhas e cravos especialmente no que chamamos de zona T. Imagine um grande "T" desenhado no seu rosto: a testa é a linha de cima, enquanto o nariz e o queixo formam a haste. Depois da adolescência, é mais frequente o aparecimento de espinhas em outros lugares, como as bochechas.

AS ESPINHAS NÃO SÃO SUA CULPA

O que queremos te ensinar de mais importante sobre as espinhas é que você não tem culpa se elas aparecem. Espinhas não são um sinal de que você é pouco saudável ou suja. Algumas pessoas pensam que falta de higiene causa espinhas, mas não tem nada disso. É apenas sua pele respondendo aos novos hormônios que circulam no seu corpo.

PELE OLEOSA

Se você estudar a pele do seu rosto no espelho, vai ver um monte de pequenos pontinhos. Esses pontinhos se chamam poros e são as aberturas de minúsculos orifícios que se escondem na pele. Dentro dos poros, é produzida uma substância gordurosa chamada sebo.

O sebo é feito para lubrificar e proteger nossa pele e nossos cabelos. Enquanto usamos roupas no resto do corpo, o rosto fica exposto ao tempo, por isso é bom ter um pouco de sebo, principalmente quando está frio lá fora.

Mas na puberdade a quantidade de hormônios no corpo aumenta, instruindo os poros a produzir mais sebo. E o sebo deixa a pele oleosa.

O QUE SÃO CRAVOS?

Às vezes a abertura dos poros é bloqueada por células da pele que não deixam o sebo sair, fazendo com que ele se acumule dentro dos poros como um pequeno tampão. Quando isso acontece, aparecem pontinhos marrons ou pretos na pele, os cravos. Em norueguês, são chamados de "*hudorm*", que significa "minhoca de pele". Mas por que esse nome? Se você tentar espremer um dos pontinhos com cuidado, vai entender: sai uma pequena minhoca de sebo. O sebo é amarelado, pastoso e costuma ter uma ponta preta, como se fosse uma cabeça. Pode lembrar uma minhoquinha, mas fique tranquila: não está vivo!

Muitas pessoas pensam que a ponta do cravo é preta de sujeira. Mas não. A cor escura se deve ao acúmulo de um pigmento chamado melanina.

A melanina é o pigmento da pele. Pessoas de pele escura têm muita melanina, enquanto pessoas de pele clara têm pouca.

O QUE SÃO ESPINHAS?

Em resumo, uma espinha é uma
pequena inflamação dos poros.
A inflamação surge porque as bactérias que vivem na superfície da
pele se transferem para dentro dos poros e
causam desordem. Quando os poros estão entupi-
dos e cheios de sebo, as bactérias fazem a festa, deliciando-se num
espaço fechado com muita comida boa. Os soldados do corpo, os
glóbulos brancos, não ficam nada felizes e entram em ação para
matar as bactérias. A guerra, então, entre as bactérias e os glóbulos brancos deixa a pele em torno da espinha quente, vermelha e
inchada. Se espremida, a espinha solta uma secreção amarela —
o pus —, que é uma mistura de bactérias, células da pele e glóbulos brancos mortos, além de outros detritos.

> Você sabia que as espinhas são inflamações dos poros e algo que todos os adolescentes têm?

ESPINHAS E MENSTRUAÇÃO

Já que as espinhas e os cravos são influenciados pelos hormônios,
costumam aparecer e desaparecer de acordo com seu ciclo menstrual. Contando de uma menstruação à outra, o ciclo menstrual
dura cerca de um mês, e no decorrer desse período a quantidade
de hormônios no seu sangue varia muito. Novas espinhas na testa geralmente significam que a menstruação está chegando.

ESPREMER ESPINHAS

Às vezes pode ser uma grande tentação espremer as espinhas —
algumas pessoas acham que é tão emocionante que até assistem
a vídeos na internet de espinhas sendo espremidas —, mas você

já deve ter ouvido falar que é melhor evitar fazer isso, né? A razão é que espremer e cutucar a pele pode deixar feridas, que, por sua vez, podem se tornar pequenas cicatrizes.

Não há problema em espremer as espinhas com cuidado de vez em quando — e para falar a verdade, é algo que a maioria de nós faz, mesmo sabendo que não deve. Se a espinha estiver dolorida e madura, tirar o pus pode aliviar a dor. No entanto, evite apertar as que não estão prontas. Quando uma espinha está madura, a ponta fica bem amarela e parece prestes a estourar. Se você espremer uma que não estiver assim, a inflamação pode piorar, já que o pus, que está sob a superfície da pele, não tem por onde sair. Para evitar uma infecção, é aconselhável lavar as mãos antes de espremer espinhas. Lembre-se também de que cutucar a área pode causar vermelhidão e inchaço por algum tempo.

MITOS SOBRE ESPINHAS

Existe um monte de dicas estranhas contra espinhas que não ajuda em nada. Ouvimos falar de todos os tipos de artifícios, desde pasta de dente até máscara facial de fermento. Não se deixe enganar. Também há muitos mitos sobre espinhas e alimentação. Você talvez tenha ouvido falar que comer chocolate ou açúcar causa espinhas, certo? Até agora, os cientistas não encontraram nenhuma conexão definitiva entre espinhas e alimentos específicos.

EXISTE UMA SOLUÇÃO?

As espinhas podem causar autoestima baixa e problemas de saúde mental em alguns jovens. Nesse caso, há bons motivos para procurar tratamento.

É possível comprar medicamentos sem prescrição na farmácia, mas a melhor opção para quem estiver muito incomodada com espinhas é marcar uma consulta médica. Sua médica ou médico pode prescrever remédios contra espinhas se achar necessário. Nessa situação, a pílula anticoncepcional costuma ser um dos primeiros medicamentos prescritos. A pílula ajuda no combate às espinhas porque contém estrogênio, que faz bem para a pele. Mas o tratamento também pode ser feito com cremes que matam as bactérias associadas às espinhas e diminuem a quantidade de sebo na pele.

ACNE SEVERA

Alguns adolescentes têm acne severa, ou seja, excesso de espinhas grandes e profundas que podem deixar cicatrizes, mesmo sem espremer. Para quem sofre de acne severa, existem remédios mais fortes, e se o tratamento começar logo e for apropriado deixará menos marcas. Se você tiver um problema sério de acne, procure uma dermatologista.

Ajuda no combate às espinhas

- Lave o rosto de uma a duas vezes por dia com um gel de limpeza facial suave sem sabão. O sabonete comum é forte demais para a pele do rosto e pode piorar o problema.

- Medicamentos para espinhas sem receita são vendidos nas farmácias. Em algumas pessoas, especialmente as de pele sensível, esses medicamentos podem deixar a pele irritada e dolorida. Peça orientação na farmácia e experimente diferentes produtos até encontrar um de que goste. Para verificar se você não é alérgica, sempre teste o medicamento antiacne numa pequena parte do rosto antes de aplicá-lo ao rosto inteiro.

- Use as mãos em vez de um paninho para lavar o rosto. Um pano usado várias vezes fica rapidamente cheio de bactérias.

- Use um hidratante suave que não seja muito oleoso. Por oleoso queremos dizer creme à base de óleo ou gordura. Cremes mais leves geralmente são à base de água. Existem muitas opções de cremes faciais feitos especialmente para quem tem pele oleosa ou tendência à acne. Esses não obstruem os poros.

- Se quiser cobrir as espinhas com maquiagem, é importante usar uma base ou um corretivo que não bloqueie demais a pele. Produtos muito pesados podem piorar as espinhas. Lembre-se de remover a maquiagem à noite antes de dormir.

SUOR

No calor as pessoas suam. Nós suamos, você sua, a Beyoncé sua. Também transpiramos quando brincamos ou fazemos exercício, porque gastamos uma grande quantidade de energia que se transforma em calor dentro do corpo. Se estamos bem quentes ou agitados, o suor escorre. O suor é a maneira de o corpo se refrescar.

O SUOR JOGA NO SEU TIME

O suor pode deixar marcas características nas nossas roupas — sobretudo debaixo dos braços e nas costas — ou onde nos sentamos, deixando um formato de bunda estampado na cadeira ou no banco quando nos levantamos. Isso é normal e natural, mas também pode causar constrangimento. Conhecemos pacientes que acham o suor tão vergonhoso que gostariam de transpirar menos. Nesses casos, é importante explicar o que o suor faz por nós. Assim fica mais fácil enxergá-lo como um amigo.

O suor é produzido por pequenas glândulas na pele. Ele brota dos poros e se espalha por nossa superfície como pequenas gotas de água. Quando ficamos quentes, o corpo usa o excesso de calor para fazer o suor evaporar e assim baixar nossa temperatura.

O suor é um mecanismo muito inteligente. Sem ele, iríamos literalmente morrer de calor.

Suar feito um porco

Nem todos os animais são como nós, os seres humanos, e têm o dom de suar. Por exemplo, os porcos não suam e, portanto, precisam inventar outros truques para se refrescar. Eles rolam na lama, na água ou na própria urina! Ou seja, a expressão "suar feito um porco" é um pouco estranha, já que os porcos não suam.

QUANTA ÁGUA VOCÊ DEVE BEBER?

Suar é bom, mas se o calor for muito forte ou você fizer exercícios físicos intensos, o suor pode fazer seu corpo perder muita água. Por isso é preciso beber mais água quando transpiramos muito. Se o corpo estiver com pouca água, você fica com sede. Muitas pessoas acham que é saudável beber o máximo de água possível, mas não é. A não ser que você sue muito, basta beber água quando sentir sede. Ingerir cerca de um litro e meio de líquido por dia já está de bom tamanho. Se beber mais do que precisa, você só vai se livrar do excesso no xixi.

Seu xixi fala

Você quer saber quanto líquido deve beber? Dê uma olhada no vaso sanitário depois de fazer xixi. Se bebeu muito pouco, a urina fica amarelo-escura. Se bebeu mais do que precisa, fica incolor feito água. Se a urina estiver amarelo-clara, você acertou na quantidade.

ALGUMAS PESSOAS SUAM MAIS DO QUE OUTRAS

Todo mundo sua, e todo mundo sua mais quando está com calor ou fazendo exercícios físicos. Mas algumas pessoas suam mais que outras. Isso é genético, ou seja, são os genes que determinam. Transpirar muito pode ser uma vantagem, pois quem tem essa característica suporta o calor melhor do que quem não tem. Algumas pessoas transpiram tanto que podem, por exemplo, ficar com as mãos ou os pés molhados ou com a roupa encharcada mesmo sem sentir calor ou sem fazer o menor esforço — o que talvez seja bem desconfortável. Isso não é perigoso, mas, se você sofre de transpiração excessiva e sente incômodo, procure ajuda médica. Os cientistas não sabem direito porque isso acontece com algumas pessoas.

SUADÍSSIMA

Você já percebeu que fica com as mãos ou as axilas suadas antes de fazer algo um pouco assustador? Isso pode acontecer, por exemplo, quando você levanta a mão para dar sua opinião em sala de aula ou quando você assiste a um filme de suspense. Essa reação é completamente normal e significa que o sistema de alerta de seu corpo está ativado. Você está pronta para enfrentar os perigos!

CHEIRO DE PUBERDADE

Os adultos suam e as crianças suam. A grande diferença é que as crianças suam em menos lugares do corpo. Quando você atinge a puberdade, algumas glândulas de suor muito especiais, localizadas nas axilas e na virilha, entram em ação. Achamos que seu nome soa legal: glândulas *apócrinas*.

> Todas as pessoas suam! É completamente normal.

Em todas as outras partes do corpo, temos as glândulas normais de suor, que produzem um líquido ralo com sabor salgado que não cheira a nada. A tarefa desse suor é nos refrescar.

Por sua vez, as glândulas sudoríparas apócrinas na virilha e nas axilas produzem um líquido oleoso que tem aquele cheiro e aquele sabor peculiar que associamos ao suor. É difícil descrever esse cheiro: é singular, fácil de reconhecer, quase um pouco adocicado. No entanto, o cheiro é afetado pelo que nós comemos e bebemos. Se você comeu curry, seu suor vai cheirar a curry no dia seguinte! É até divertido.

O QUE ESTÁ FEDENDO?

Assim que nossas glândulas apócrinas começam a produzir suor nas axilas e na virilha, passamos a exalar o cheiro de suor. Se demorarmos muito para tomar banho, o cheiro fica ruim. Por quê? Na pele temos um monte de bactérias boazinhas. Essas bactérias precisam de comida e adoram comer o suor das glândulas apócrinas: para elas é um verdadeiro banquete. Depois de se empanturrarem, as bactérias soltam peidos e fazem cocô, que, assim como

os nossos, não cheiram nada bem. O suor em si não tem um odor tão forte, é só depois de você passar algum tempo sem tomar banho ou sem lavar a roupa que começa a feder. Dê uma cheirada no seu sovaco e na camiseta de ontem para ver se está na hora de lavar. A não ser que as roupas cheirem mal ou estejam manchadas, não precisa.

DESODORANTE – SALVAÇÃO EM FRASCO

Os desodorantes antitranspirantes contêm uma coisa chamada *antiperspirante*, que bloqueia os poros e nos faz suar menos. Além disso, a composição dos desodorantes muitas vezes inclui substâncias que impedem as bactérias boazinhas de comer nosso suor, tornando-o menos fedorento.

CHULÉ

Para a maioria de nós, o suor dos pés é um problema bem conhecido, tanto que recebeu nome próprio: chulé. É um cheiro mais desagradável do que o suor do resto do corpo simplesmente porque usamos sapatos. Enquanto o resto da pele pode respirar, deixando o suor evaporar, os coitados dos nossos pés ficam confinados dentro de receptáculos vedados, banhados no próprio suor. Todos os pés cheiram mal depois de passar um dia dentro de sapatos fechados, isso é completamente natural. Uma dica simples para ter menos chulé é: use meias e sapatos que deixem seus pés arejados e respirando.

POR QUE NOSSAS PARTES ÍNTIMAS TÊM CHEIRO?

Se você suar em torno do púbis, também vai ficar com cheiro de suor lá embaixo. É completamente normal, qualquer região genital tem cheiro. Desaconselhamos o uso de desodorantes íntimos, pois os órgãos genitais são muito sensíveis e não toleram produtos fortes nem perfumes.

MANIA DE LIMPEZA

O cheiro de suor só passou a ser visto como um problema nos tempos modernos. Antes da existência de desodorantes, sabonetes, perfumes e banhos diários, era um cheiro comum e normal. E é bom lembrar que cheiro faz parte do ser humano. Além do mais, nossa pele está coberta de uma flora de bactérias amigas que nos protegem das bactérias que podem causar doenças.

Se tomarmos banhos demais, especialmente com sabonete, contribuiremos para eliminar uma parte importante de nossa defesa contra doenças. Uma alta frequência de banhos também reduz a camada de gordura natural da pele, podendo torná-la mais seca e irritadiça, bem suscetível a inflamações. Em outras palavras, existem boas razões para só tomar banho após transpirar e evitar sabonete tanto quanto possível. É claro que isso não se aplica à lavagem das mãos.

Cheiro, comida e cultura

Já que nosso cheiro é influenciado pelos alimentos que ingerimos, pessoas de diferentes culturas têm cheiros diferentes. Se você já viajou para outros países, talvez tenha notado isso. O cheiro ao qual estamos acostumados nos passa facilmente despercebido, pois o cérebro bloqueia as impressões conhecidas — o que explica por que você para de sentir o cheiro de um perfume que usa o tempo todo. Isso significa que muitas vezes não sentimos o cheiro do nosso próprio corpo, mas notamos claramente cheiros diferentes do nosso.

PARTES ÍNTIMAS

Entre suas pernas, existem estruturas anatômicas que estão ligadas a boas sensações e à capacidade de ter filhos. São suas partes íntimas, ou *genitália*. A genitália tem muitos componentes. Se quiser, depois da nossa apresentação, você pode conferir com os dedos para ver se consegue encontrar as diversas partes. Ou também pode olhar entre suas pernas com a ajuda de um espelho. Algumas meninas acham interessante examinar suas partes íntimas desde crianças. Outras não estão interessadas ou se sentem um pouco amedrontadas e preferem esperar. Seus órgãos genitais vão se transformar bastante ao longo da vida, especialmente durante a puberdade. Está na hora de conhecer as partes íntimas de verdade.

MONTE DE VÊNUS

A região genital começa no baixo-ventre. Ali você encontra uma almofadinha de gordura que se chama monte de vênus. *Vênus* era o nome de uma poderosa deusa romana. Era a deusa do amor, sexo e fertilidade. Vênus também é o nome de um planeta vizinho à Terra. Algumas meninas têm um monte de vênus um pouco mais protuberante que o abdome. Outras têm um monte pubiano mais achatado. Na puberdade, o monte de vênus é coberto de pelos.

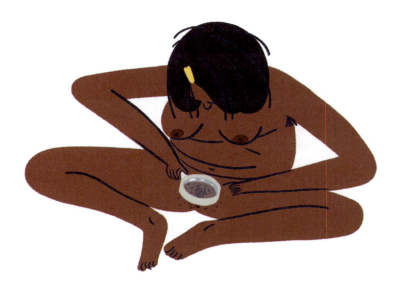

VULVA

Embaixo do monte de vênus, entre suas pernas, encontramos a *vulva* — uma palavra que vem do latim. A vulva é a parte externa de seu aparelho genital e parece uma tulipa com pétalas. As pétalas são seus lábios genitais. Você tem dois pares de lábios genitais — os grandes e os pequenos. Os lábios genitais são importantes porque protegem o que está por dentro. Grossos e cheios de gordura, os grandes lábios funcionam um pouco como o airbag de um carro. Os pequenos lábios são mais finos e muito sensíveis.

> Conheça sua vulva! O espelho é um bom aliado.

GRANDES E PEQUENOS LÁBIOS

Os grandes e pequenos lábios têm diferentes tipos de pele. A dos grandes lábios é normal, igual à que cobre o resto do corpo, e tem pelos. Os pequenos lábios são recobertos por uma membrana chamada mucosa, que lembra a parte interna de sua boca. A mucosa é lisa, e pelos nunca vão crescer ali.

Quando somos crianças, os pequenos lábios ficam completamente escondidos pelos grandes lábios. A essa altura, a vulva é como uma tulipa fechada, com apenas as pétalas externas à vista. Durante a puberdade, os pequenos lábios crescem e ficam mais visíveis, assim como uma tulipa que lentamente desabrocha, deixando um maior número de pétalas à mostra. Para mais da metade de nós, os pequenos lábios ficam tão compridos que se estendem bem além dos grandes lábios. Também podem ficar cheios de rugas e dobras, e é comum que o comprimento do lábio direito e o do esquerdo sejam diferentes. Para algumas meninas, a vulva fica mais escura durante a puberdade. Isso é perfeitamente normal!

> Você sabia que as vulvas são como flocos de neve? Não existe nenhuma igual à outra!

Na parte mais dianteira da vulva, onde os pequenos lábios se encontram, temos um botãozinho: a cabeça do clitóris. Logo você vai saber mais sobre essa parte.

DUAS ABERTURAS

Se você abrir os grandes e pequenos lábios, vai descobrir dois orifícios. O da frente é a abertura de sua uretra, por onde sai o xixi. Esse orifício é bem pequeno e portanto difícil de ver. Um ou dois centímetros mais para trás está a abertura da vagina. A vagina é o canal que leva a um órgão chamado útero. É dentro do útero da mãe que o bebê cresce durante a gravidez.

> Você sabia que o xixi e o fluxo menstrual saem por aberturas diferentes?

Quando você estiver adulta, a vagina vai medir entre sete e dez centímetros. Ela é elástica tanto na largura quanto no comprimento. Afinal, foi feita para dar à luz um bebê! A secreção vaginal e o fluxo menstrual também saem pela vagina, por isso é ali que colocamos os absorventes internos. *Vagina* vem do latim e significa "bainha" ou "estojo".

Em torno da vagina tem uma placa com músculos fortes. São esses músculos que você usa quando segura o xixi. Os músculos também fazem com que você possa apertar a vagina para ela ficar bem estreita ou relaxar para torná-la mais larga. É uma informação importante se você for usar absorventes internos.

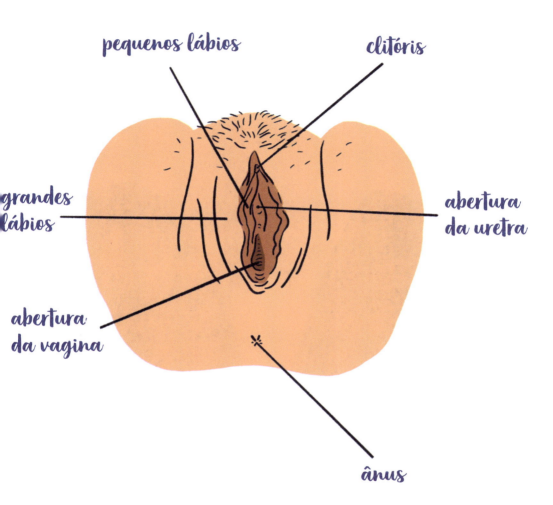

POR DENTRO

O ÚTERO

Bem no fundo do abdome fica um órgão que parece uma pera de ponta-cabeça. É o útero. Mas, ao contrário de uma pera, o útero é oco. Há uma razão importante para isso: quando dizemos que uma mulher está com um bebê na *barriga* na realidade queremos dizer no *útero*. Quando o bebê nasce, ele sai do útero e do corpo pela vagina.

O útero está localizado na parte baixa do abdome, a meio caminho entre seus quadris. Quando você atinge a puberdade, o útero amadurece, ou seja, ele cresce e fica macio por dentro. Assim que o útero estiver maduro, você menstrua. A menstruação é produzida dentro do útero. Um útero maduro tem por volta de oito centímetros de comprimento.

O COLO DO ÚTERO

A vagina é o caminho da vulva até o útero, e o útero começa onde a vagina acaba. No fundo da vagina, pode-se sentir uma pequena ponta dura: é o colo do útero, a porção inferior dele. No meio do colo, há uma minúscula abertura chamada orifício uterino, que é tão pequena que você nem conseguiria colocar o mindinho ali dentro. Trata-se da abertura de uma passagem estreita que termina dentro do útero. O fluxo menstrual sai por esse orifício, e boa parte da secreção vaginal é produzida ali.

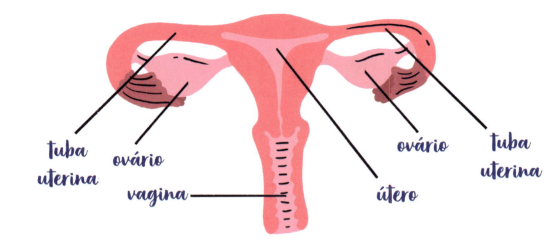

GRAVIDEZ, CONTRAÇÕES E TRABALHO DE PARTO

Você talvez esteja se perguntando: "Mas como um útero de oito centímetros pode abrigar um bebê inteiro quando a mulher está grávida?". As paredes do útero são elásticas, e à medida que o feto cresce, cresce também o útero. Assim que o bebê estiver pronto para sair, o útero fica tão grande que preenche quase toda a barrigona de grávida.

As paredes do útero não são apenas elásticas, são fortes também. O útero é um poderoso feixe de músculos. Quando o bebê está para sair, as paredes se tensionam e o útero se contrai. Essas contrações musculares se chamam contrações uterinas ou dores de parto, e ajudam o bebê a sair da barriga. Ele simplesmente está sendo empurrado para fora do útero. É a mesma coisa que acontece quando você menstrua. As paredes do útero se contraem para expelir o sangue e o muco lá de dentro.

ÓVULOS

Da parte de cima do útero saem dois tubos delgados. São suas tubas uterinas. Na ponta de cada tuba uterina, há um saquinho. Esses saquinhos são seus ovários. É aqui que todos os seus óvulos estão armazenados. Os óvulos são os gametas da mulher e podem se tornar um novo ser humano se forem fecundados por um espermatozoide, o gameta do homem. A tarefa das tubas uterinas é transportar os óvulos dos ovários até o útero.

Ao nascer, você tem por volta de trezentos mil óvulos nos seus ovários. Os homens produzem espermatozoides a vida inteira, enquanto as mulheres são incapazes de produzir novos óvulos. Isso significa que lenta e inevitavelmente gastamos nossos óvulos. Quando você chega a uns 45 anos de idade, os óvulos acabam, marcando a entrada na fase conhecida como menopausa. Aí você não pode mais ter filhos, e a menstruação para.

OS OVÁRIOS SE LIGAM

Além de armazenar nossos óvulos, os ovários produzem estrogênio, o hormônio feminino. Na puberdade, o estrogênio é responsável por transformar seu corpo de criança em um corpo adulto. O estrogênio também amadurece seu útero e seus órgãos genitais e dá início à menstruação.

Você sabia que o hormônio feminino se chama estrogênio?

Quando você atinge a puberdade, os ovários começam a amadurecer os óvulos. Todo mês um óvulo maduro é liberado pelos ovários; é a ovulação. As tubas uterinas, que lembram canudos, captam o óvulo e o conduzem até o útero.

Mulheres histéricas e o mito do útero errante

Milhares de anos atrás, os cientistas gregos pensavam que as mulheres que manifestavam muitas e fortes emoções sofriam de uma doença chamada histeria. Você já ouviu alguém usar a expressão "histérica"? Pois é, vem dessa história. De acordo com os gregos, a histeria era causada pelo útero, que andava pelo corpo como um ser independente, deixando as mulheres doidas. Aliás, a palavra grega *hystera* significa "útero".

Hoje sabemos que o útero não pode se deslocar pelo corpo e tampouco faz as mulheres ficarem com raiva ou medo, nem provoca quaisquer outras emoções. Todas as pessoas sentem fortes emoções: isso é parte da natureza humana e não sinal de alguma misteriosa doença ligada ao útero. Entretanto, muitas pessoas ainda subestimam mulheres que demonstram sentimentos, que dizem o que pensam e não cedem, chamando-as de *histéricas*. É uma forma de discriminação.

COMO AS PESSOAS ENGRAVIDAM?

Para engravidar, é preciso que um óvulo se encontre com um espermatozoide. Parecendo pequenos girinos, com uma cabeça e uma cauda — que eles agitam para nadar —, os espermatozoides saem pelo pinto num fluido pegajoso chamado *sêmen*. O nome oficial do pinto é *pênis*. O sêmen sai do pênis na ejaculação. Normalmente após um orgasmo. Dentro do sêmen há milhões de espermatozoides tão pequenos que é impossível vê-los a olho nu.

Óvulo + espermatozoide = bebê!

A maneira mais comum de engravidar é através da relação vaginal. Isso significa que o homem insere o pênis na vagina. Os espermatozoides, então, saem nadando dentro do corpo da mulher para encontrar um óvulo.

O CONTO DE FADAS SOBRE O ÓVULO E O ESPERMATOZOIDE

Talvez você já tenha ouvido a história do óvulo e do espermatozoide. Essa história é contada em salas de aula no mundo inteiro:

Milhões de espermatozoides fortes e valentes sobem nadando pela vagina e entram no orifício do colo do útero. A concorrência entre eles é acirrada, literalmente uma luta de vida e morte. Somente um único espermatozoide — o mais rápido e melhor de todos — pode vencer a competição. Os outros morrem na tentativa.

O objetivo da competição é chegar primeiro ao óvulo, que espera pacientemente nas profundezas do corpo da mulher. Como a princesa de um conto de fadas, uma verdadeira Bela Adormecida, o óvulo está dormindo e não pode escolher seu destino. A princesa óvulo só fica deitada, como se estivesse morta, aguardando até que o príncipe espermatozoide finalmente chegue e lhe dê o beijo da vida.

No final, o melhor e mais rápido espermatozoide vence a corrida e ganha sua princesa. Os dois se unem sem que o óvulo tenha oportunidade de dizer se quer ou não. E isso, de acordo com o conto de fadas, é o início de uma gravidez.

Chamamos essa explicação de conto de fadas porque os contos de fadas não são reais. A explicação que aprendemos na escola está cheia de erros.

A HISTÓRIA REAL SOBRE O ÓVULO E O ESPERMATOZOIDE

Vamos recontar a história:

Os espermatozoides disputam uma corrida, isso está certo, mas são desajeitados, não sabem direito o caminho, e a maioria se perde nos cantinhos escuros da vagina. Dos poucos que chegam ao útero, muitos escolhem a tuba uterina errada e acabam morrendo lá dentro, sozinhos na escuridão. Os espermatozoides que alcançam a tuba uterina certa precisam se preparar para esperar. Não há uma disputa final na linha de chegada.

Ao mesmo tempo, algo acontece nos ovários: os óvulos também concorrem entre si. Todo mês, até mil óvulos amadurecem, mas apenas um pode deixar o ovário quando a mulher ovula. Se formos usar a mesma linguagem que usamos para os espermatozoides, é o maior, o melhor e o mais corajoso de todos os óvulos que vence. Os que sobram, antes tão esperançosos, morrem. Depois da ovulação, o óvulo único e seleto vai descer boiando pela tuba uterina para encontrar os espermatozoides. Como toda diva que se preze, a Miss Óvulo chega bem atrasada para a festa.

Às vezes, os espermatozoides a esperam por cinco dias inteiros! Quando ela chega, a festa finalmente pode começar.

Estudos recentes mostram que o óvulo é capaz de escolher ativamente entre os espermatozoides. A Miss Óvulo confere os diversos espermatozoides e rejeita os pretendentes que não lhe agradam. Nesse sentido, ela se parece mais com a Solteira Cobiçada do que com a Bela Adormecida. É como se estivesse numa pista de dança, cercada por espermatozoides doidos para dançar com ela, mas só aceita o par que realmente encha seus olhos.

VELHOS PRECONCEITOS DEVEM CAIR

A diferença entre as duas histórias é que o óvulo, o gameta da mulher, é passivo no conto de fadas e ativo na história real. Agora você talvez pergunte por que isso é tão importante — o óvulo e o espermatozoide vão se encontrar de qualquer forma e o resultado será um bebê. Em nossa opinião, é importante falar sobre os equívocos do conto de fadas porque eles revelam machismos muito comuns. No conto de fadas, o óvulo é apresentado como uma menina boazinha que fica parada esperando, sem ter opiniões próprias. Ao mesmo tempo, os gametas do homem são retratados como heróis fortes e valentes.

Por que o conto de fadas é contado assim, se não representa a realidade? Por que não se fala da luta do óvulo, se é tão dura e importante quanto a batalha travada pelos espermatozoides? Por que não se diz a verdade, que o óvulo é quem decide? Achamos que é porque nossa sociedade tem expectativas diferentes em relação às mulheres e aos homens, e essas expectativas são tão arraigadas que influenciam tudo. Até mesmo como se ensina sobre o corpo.

É preciso ter relação sexual para ter filho?

Hoje em dia é possível gerar uma criança de diversas maneiras. Duas pessoas do mesmo sexo podem ter filho juntas, e uma pessoa solteira também. Assim como um casal heterossexual pode precisar de ajuda para isso.

Um método comum é a fertilização in vitro. O óvulo e o espermatozoide são unidos através de um microscópio, e assim que o óvulo está fertilizado, é introduzido no útero. Outro método é a barriga de aluguel, que consiste numa mulher que não é a mãe fazer a gestação do bebê. Também nesse caso, o óvulo fecundado é inserido no útero.

Tanto os óvulos quanto os espermatozoides podem ser da pessoa ou das pessoas que querem ter filho, mas também um deles ou os dois podem vir de doadores. Na Noruega, é permitido doar esperma, mas não é permitido doar óvulos ou ser barriga de aluguel. No Brasil, é permitido doar óvulos, desde que seja de forma voluntária e sem fins lucrativos, ou seja, não se pode cobrar por eles. Também não se pode cobrar pela gestação, embora seja permitida a barriga solidária, que é quando algum familiar de até quarto grau se oferece para gestacionar o bebê, sem recompensa financeira. Algumas pessoas precisam viajar para outros países para realizar a barriga de aluguel.

É impossível notar diferenças entre uma pessoa que foi concebida por uma relação sexual tradicional e uma pessoa que foi concebida por outros métodos.

CORRIMENTO

Você já notou uma pequena mancha úmida na calcinha? Isso se chama corrimento — também conhecido como secreção vaginal — e é um sinal de que a puberdade está te transformando por dentro também. Todas as meninas que já atingiram a puberdade deixam, diariamente, um tipo de secreção na calcinha. O corrimento é um fluido produzido por pequenas glândulas no colo do útero e que sai pela vagina.

QUAL É A APARÊNCIA DO CORRIMENTO?

Isso varia de um dia para o outro. A secreção vaginal fresquinha pode ser transparente e viscosa como clara de ovo ou branca e cremosa como um creme hidratante, e qualquer coisa entre os dois. Depois de secar, a secreção se torna uma mancha dura e amarelada na calcinha.

O CORRIMENTO FALA

O corrimento muda de acordo com um padrão fixo todo mês, seguindo seu ciclo menstrual, o período entre uma menstruação e outra. Várias coisas acontecem dentro do corpo durante o ciclo, e a secreção vaginal tem muito a dizer sobre isso. É como se ela tivesse sua própria língua. Por exemplo, uma secreção viscosa que, se você esticar entre os dedos, forma fios compridos significa que falta pouco para o corpo liberar um óvulo dos seus ovários. Logo depois da ovulação, a secreção fica mais rala e fluida. Ou seja, ao examinar uma pequena mancha na calcinha, você pode descobrir o que seu corpo está fazendo.

CORRIMENTO SAUDÁVEL = APARELHO GENITAL SAUDÁVEL

O corrimento também pode te informar sobre o estado de saúde do seu aparelho genital. Aprenda como devem ser a aparência e o cheiro adequados do seu corrimento. Se notar grandes mudanças, pode ser um indicativo de que há algo errado.

Por exemplo, secreção vaginal granulosa e forte coceira na região íntima são sinais de infecção fúngica, ou candidíase. A candidíase é muito comum nas mulheres e não é perigosa, mas pode ser bastante incômoda.

Quando você um dia começar a ter relações sexuais, correrá o risco de ser infectada por doenças sexualmente transmissíveis, que também podem alterar o corrimento.

Se o corrimento mudar, você deve procurar orientação médica para fazer exames e tratamentos. Isso também se aplica se você achar que está com candidíase.

O CORRIMENTO TE PROTEGE

Imagine um pequeno riacho na montanha. Ele corre pela encosta carregando coisinhas que encontra ao longo do caminho, como pequenas folhas e gravetos. O corrimento é mais ou menos assim. Escorre pela vagina, levando bactérias e outros hóspedes indesejáveis.

Além disso, o corrimento contém bactérias boas que o tornam azedo. Dizer que a secreção vaginal é azeda não significa que está de mau humor, mas que é ácida assim como o limão, pois as bactérias boas produzem ácido láctico — também presente em laticínios ácidos, como o iogurte. Como não gostam de coisas ácidas, as bactérias ruins não se adaptam bem na vagina; em outras palavras, o corrimento nos mantém limpas e saudáveis.

Além de fazer a limpeza, o corrimento preserva a umidade e a maciez da região íntima. Imagine como seria uma boca sem saliva: ficaria toda engessada. Seria difícil falar e comer. O corrimento faz um trabalho parecido na sua região genital, impedindo que se torne seca e dolorida.

QUAL A QUANTIDADE NORMAL DE SECREÇÃO?

A maioria das mulheres produz até uma colher de chá de corrimento por dia, mas isso pode variar bastante. Em alguns dias, não há quase nada; em outros, pode haver tanto que a calcinha fica molhada. Se a quantidade de secreção te incomodar, você pode experimentar usar protetores diários. Os protetores diários são miniabsorventes que aderem à calcinha e contêm a secreção.

Às vezes, o uso de protetor diário deixa a pele da região íntima mais abafada, o que pode aumentar um pouco a transpiração e causar um cheiro ligeiramente mais forte.

ODOR ÍNTIMO

As partes íntimas femininas têm cheiro. Devido ao corrimento, a região genital recém-lavada terá um cheiro (e sabor) levemente ácido. Ao longo do dia, isso se mistura com suor e um pouco de resíduo de urina, causando um odor íntimo único.

Se você usar roupas íntimas de tecido sintético e calças justas, a região genital ficará ainda mais abafada. Isso pode intensificar o cheiro. Calcinhas de algodão e roupas soltas nos fazem suar menos entre as pernas e, portanto, exalar menos odor. É uma boa ideia dormir sem calcinha ou completamente nua para dar uma bela arejada!

HIGIENE ÍNTIMA

O corrimento não é sujo. Você jamais deve lavar dentro da vagina, somente na parte externa da vulva. A razão disso é que a lavagem tira a secreção saudável e resseca a delicada mucosa vaginal.

A frequência com que você deve se lavar depende do quanto você sua na virilha e se está ou não menstruada. É bom se lavar o suficiente para não cheirar mal, mas nossa experiência nos diz que muitas meninas se lavam com frequência excessiva. Isso pode causar irritações nas partes íntimas, incluindo coceira, ardência e inflamação. Para a maioria, basta tomar banho e lavar lá embaixo uma vez por dia ou até dia sim, dia não.

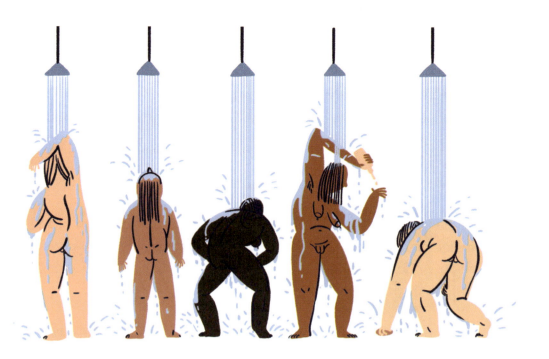

Da mesma forma que ninguém usa um forte sabonete de banho cheio de perfume dentro da boca, também não devemos fazer isso com nossas partes íntimas. As mucosas íntimas não toleram o sabonete comum. É suficiente lavar com água morna. Se você quiser usar sabonete, por exemplo, durante a menstruação, deve usar um sabonete íntimo suave.

As meninas com inflamação e alergia devem ser especialmente cuidadosas. Podem se lavar com um óleo de bebê sem perfume, e para a lavagem da roupa íntima devem usar um sabão hipoalergênico.

Muitas pessoas pensam que a secreção vaginal é sinal de falta de higiene. Mas não é. Corrimento é algo que todas as mulheres saudáveis produzem diariamente. Só mostra que a região genital está fazendo seu trabalho de limpeza e lubrificação. A secreção é nossa aliada!

MENSTRUAÇÃO

A menstruação é sangue e muco que saem da vagina, mas vai muito além de uma simples lambança: é o *gran finale* da puberdade, é o sinal do corpo de que você está a caminho de se tornar adulta. Nós, mulheres, somos mesmo super-heroínas. Conseguimos fazer tudo o que os homens fazem... só que sangrando!

QUANDO VOCÊ VAI MENSTRUAR?

A maioria das pessoas que menstruam vai ter a primeira menstruação entre os onze e os catorze anos de idade. O mais comum é menstruar com doze ou treze. Algumas menstruam aos nove, enquanto outras têm de esperar até completar dezessete. O nome da primeira menstruação é *menarca*.

Se sua mãe menstruou cedo, é possível que você também menstrue. As meninas que praticam muito esporte ou são muito magras tendem a menstruar mais tarde. Há um século, as meninas norueguesas menstruavam três anos mais tarde do que hoje, o que se deve ao fato de que, na época, a alimentação não era tão completa quanto a nossa, e, além disso, elas muitas vezes trabalhavam pesado para ajudar a família. Seu corpo não tinha energia para menstruar. Hoje também a menstruação é um sinal de elevado nível de energia. Quando você fica doente, a menstruação pode parar por alguns meses.

Se você ainda não menstruou ao completar dezesseis anos, deve conversar com sua médica. Em geral, o corpo só está um pouco devagar para começar, mas às vezes pode haver alguma doença por trás.

DE ONDE VEM O SANGUE?

O sangue menstrual vem de dentro do útero, onde há uma mucosa que é trocada uma vez por mês e que desce na menstruação, frequentemente deixando o fluxo de sangue com um aspecto mucoso. No início, pode haver longos intervalos entre cada menstruação, mas com o tempo você vai menstruar aproximadamente uma vez por mês. É normal que a menstruação dure de três a sete dias. Nos primeiros dias, você sangra mais, e no final o fluxo diminui. Toda vez que você menstrua saem entre trinta e oitenta mililitros de sangue e muco, no total. Isso equivale a umas três tacinhas de licor.

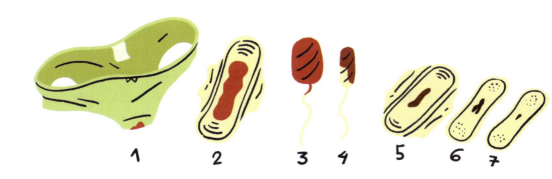

POR QUE O FLUXO FICA MARROM E PEGAJOSO?

O sangue menstrual muitas vezes tem coloração escura, coágulos e muco. Às vezes é difícil acreditar que a meleca na calcinha realmente seja sangue. Afinal, não se parece em nada com o sangue de um corte no dedo! A cor depende da quantidade do fluxo.

Se a quantidade do fluxo for baixa, o sangue acaba ficando mais tempo no útero antes de sair, e sangue velho é marrom. Além disso, o fluxo tende a ficar com umas bolotas, feito geleia. O processo que deixa o sangue marrom e sólido se chama coagulação, é a mesma coisa que ocorre quando você rala o joelho e seu organismo cria uma casca em cima. Outras vezes, o sangue desce vermelho. Isso acontece quando está fresquinho, geralmente no momento de um fluxo mais intenso. Muitas meninas têm fluxo vermelho nos primeiros dias da menstruação e fluxo escuro no final.

COMO FALAR SOBRE MENSTRUAÇÃO?

A maioria dos adultos sabe o suficiente sobre menstruação para tirar suas dúvidas mais importantes. Mesmo que nunca conversem sobre isso na sua casa, é pouco provável que eles achem a menstruação uma coisa vergonhosa ou nojenta. Talvez só não saibam bem como abordar o assunto com você ou tenham receio de *te* deixar com vergonha. Adultos são estranhos mesmo!

Se uma das meninas na sua escola começou a menstruar, essa é uma ótima oportunidade para puxar o assunto. Você pode dizer: "A Marta da minha sala menstruou. O que eu devo fazer se menstruar agora?". Se você mora com sua mãe, pode perguntar quando ela menstruou. Assim terá uma ideia de quanto tempo vai demorar para você menstruar, além de ser uma deixa para conversar mais sobre o tema.

Deficiência de ferro

- Como você perde sangue todo mês, é bastante comum ter deficiência de ferro e ficar com anemia.
- Moleza, cansaço e respiração ofegante além do normal são sintomas de que você está anêmica. Algumas pessoas ficam com um zumbido nos ouvidos. Se puxar a pálpebra inferior para baixo, verá que a parte interna está totalmente pálida. Muitas também ficam sem cor na palma das mãos e no rosto.
- Você pode fazer um hemograma para conferir a contagem dos elementos no sangue.
- Se estiver com deficiência de ferro, vai ser orientada a tomar um suplemento. Nesse caso é comum ficar com prisão de ventre e ter fezes escuras e esverdeadas!
- Todas as meninas devem manter uma alimentação rica em ferro, com feijão, grãos e vegetais verde-escuros, como espinafre e brócolis. Um truque é tomar um copo de suco de laranja ou comer umas fatias de pimentão como acompanhamento, pois esses alimentos contêm vitamina C, que ajuda na absorção do ferro pelo intestino.

É POSSÍVEL SANGRAR DEMAIS?

Se você sangrar mais de oitenta mililitros ou se a menstruação durar mais de sete dias, você está sangrando muito. Não é fácil saber quantos mililitros você está sangrando, por isso talvez seja melhor avaliar a frequência com que troca os absorventes. Se o absorvente vazar e você precisar trocá-lo mais do que uma vez a cada três horas, ou se você tiver que trocar de absorvente durante a noite, é possível que esteja sangrando em excesso. Se você estiver sangrando muito em toda menstruação, é uma boa ideia consultar uma ginecologista. Existem remédios que podem diminuir o fluxo também.

Algumas meninas têm doenças que causam fluxo excessivo, por exemplo, a rara *doença de von Willebrand*. As portadoras dessa doença sangram muito e por muito tempo quando estão menstruadas, além de serem propensas a criar grandes hematomas e a ter sangramentos nasais abundantes e frequentes.

CONTAS SANGRENTAS

Por quanto tempo você menstrua ao longo da vida?

Em média cinco dias por mês, sessenta dias por ano, 2400 dias ao longo da vida — isso dá seis anos e meio de menstruação! Se você sangrar sete dias por mês, passa mais de nove anos de sua vida menstruando.

Quanto você sangra ao longo da vida?

Durante cada menstruação, você sangra entre trinta e oitenta mililitros. Vamos supor que seu fluxo seja de cinquenta mililitros por mês. Isso dá seiscentos mililitros por ano e um total de 24 litros ao longo da vida. São quase dois baldes e meio de sangue e muco! Se seu fluxo for oitenta mililitros por vez, serão mais de três baldes cheios.

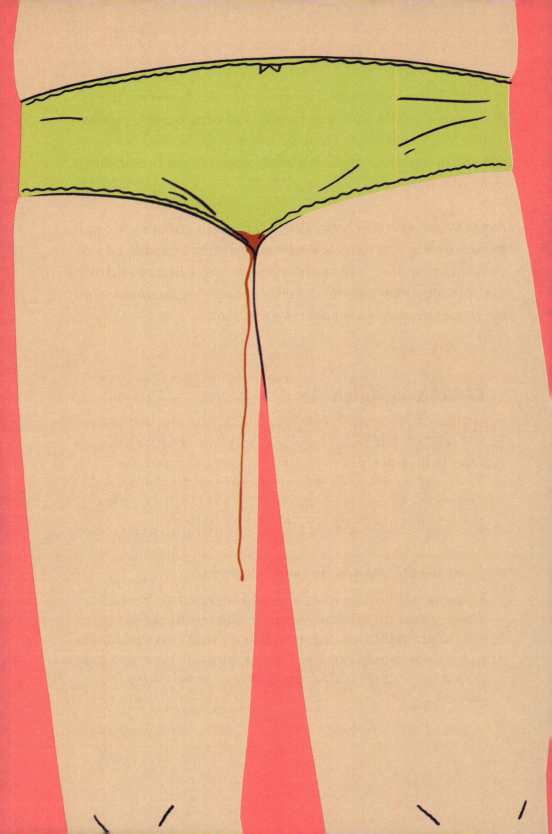

POR QUE MENSTRUAMOS?

Agora você já sabe que a menstruação é sangue e muco que saem de dentro do útero e que é um sinal de que o corpo está pronto para ter filhos. Mas o que a menstruação tem a ver com a gravidez? Por que menstruamos, afinal?

A OVULAÇÃO

Uma vez por mês, um óvulo se desprende do ovário. Isso é a ovulação. No caminho para o útero, o óvulo pode encontrar um espermatozoide, e então a pessoa engravida. Para que isso aconteça, é preciso ter tido relação sexual. Normalmente, você não nota que está ovulando.

Às vezes, a ovulação pode doer. São pontadas de dor na lateral do abdome, exatamente onde fica um dos ovários. Isso é conhecido como *Mittelschmerz*, palavra alemã que significa "dor do meio", pois a ovulação ocorre no meio do *ciclo menstrual*.

O ENDOMÉTRIO

Além de provocar a ovulação, os hormônios do nosso corpo fazem o útero criar uma boa e espessa mucosa dentro de sua cavidade. Essa mucosa tem um nome chique: *endométrio*. Se o óvulo for fecundado, é nessa grossa mucosa que ele vai se instalar. O útero faz um ninho para o óvulo fecundado, um lugar quente e seguro onde ele pode ficar enquanto lentamente se desenvolve em um bebê. A mucosa também funciona como uma lancheira, sendo equipada com vasos sanguíneos que alimentam o óvulo com nutrientes da mãe.

Ciclo menstrual

A menstruação chega mais ou menos uma vez por mês. O tempo decorrido entre uma menstruação e outra é conhecido como ciclo menstrual. Durante o ciclo menstrual, muitas coisas interessantes acontecem dentro do corpo, por exemplo, você ovula e produz corrimento. Tudo isso é governado por nossos hormônios.

O ÚTERO JOGA FORA O QUE NÃO É NECESSÁRIO

Nosso corpo não guarda coisas desnecessárias, por isso a mucosa morre se o óvulo não for fecundado. Isso acontece duas semanas depois da ovulação.

Quando a mucosa morre, ela se desprende da parede interna do útero. Haverá também um pequeno sangramento ali dentro, pois é parecido com o que acontece se você arrancar a casca de uma ferida recente. Em seguida o útero começa a se contrair em espasmos. Assim como você aperta um frasco de ketchup, o útero espreme a mucosa morta e o sangue, expelindo-os pela pequena abertura que leva à vagina, ou seja, a mucosa morta misturada com sangue é a menstruação.

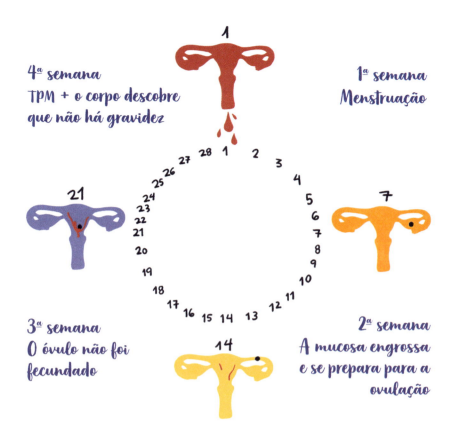

O óvulo não fecundado é eliminado com a menstruação. É tão pequeno que você não consegue ver.

O ÚTERO NUNCA DESISTE

Na mesma hora que a menstruação acaba e o útero se livra da velha mucosa, ele já começa a formar uma nova. Seu útero continua se preparando para receber um óvulo fecundado, sem nunca desistir. Assim que a mucosa está reconstituída e pronta, ocorre outra ovulação. Aí você pode ou engravidar ou menstruar dali a duas semanas. O ciclo menstrual é uma eterna roda que não para de girar.

QUANTO TEMPO DURA UM CICLO MENSTRUAL NORMAL?

O mais comum é ter um ciclo de 28 dias, mas ciclos com duração entre 23 e 35 dias são considerados normais. Se houver aproximadamente o mesmo número de dias entre cada vez que você menstrua, dizemos que a menstruação é *regular*, e o corpo encontrou seu próprio ritmo.

MENSTRUAÇÃO IRREGULAR

É comum que o ciclo varie muito nos primeiros anos de menstruação. Nessa fase, podem se passar vários meses entre cada sangramento, ou você de repente menstrua de novo logo depois da última menstruação. Quando a menstruação varia com frequência, dizemos que é *irregular*. Essa oscilação ocorre porque o corpo não consegue criar uma ovulação todo mês. A maioria das meninas acaba tendo menstruação regular à medida que chega à idade adulta.

QUANDO A MENSTRUAÇÃO PARA

Para a grande maioria, a menstruação vai atrasar alguma vez na vida. Quando engravida, a pessoa para de menstruar. Portanto, se você não menstruou depois de ter relações sexuais com penetração, pode ser um sinal de gravidez.

Se você fizer muito exercício físico ou perder muito peso, a menstruação pode parar por um período. Isso também pode acontecer com portadoras de certas doenças, como intolerância ao glúten (doença celíaca) ou diabetes. Muito estresse também é um fator capaz de interromper o fluxo. Se a menstruação desaparecer por mais de seis meses sem que haja gravidez, você pode pedir ajuda na enfermaria da escola ou consultar uma ginecologista.

O clube exclusivo da menstruação

De fato, os únicos animais a menstruar são os seres humanos, uma espécie de morcego, um tipo de rato e alguns poucos macacos humanoides. Todos os outros animais conseguem engravidar facilmente sem sangrar todo mês e criam o ninho mucoso no útero só depois da fecundação do óvulo. Nós fazemos isso de antemão, portanto precisamos descartar a mucosa que não é usada e menstruar.

Muitas pessoas acham que as cadelas no cio estão menstruando, mas não. As cachorras sangram quando ovulam e estão prontas para engravidar. Nós, os seres humanos, sangramos porque não engravidamos. Cio e menstruação não são a mesma coisa!

FIQUE LIGADA NA MENSTRUAÇÃO

É bom prestar atenção ao ciclo menstrual. Ele tem diversas fases que afetam nosso organismo e nosso humor. Quem sabe um pouco sobre o ciclo entende melhor por que o corpo e a cabeça se comportam de certas maneiras. Para acompanhar seu ciclo, você pode criar um calendário menstrual ou usar um aplicativo específico.

A lua e a menstruação

Antigamente, as pessoas acreditavam que o ciclo menstrual era regido pela lua. Isso não é tão estranho, porque muitas coisas na natureza são influenciadas por ela. Por exemplo, a gravidade entre a lua e a Terra define se teremos maré alta ou baixa. Hoje sabemos que a menstruação é controlada pelos hormônios e não pela lua. A quantidade de água no nosso corpo é tão pequena que nosso satélite não tem efeito sobre ele.

É POSSÍVEL SABER QUANDO A MENSTRUAÇÃO VAI DESCER?

Na última semana *antes* de menstruar, o corpo faz grandes preparativos. Se você prestar atenção, perceberá que sua menstruação está chegando. Por exemplo, é muito comum ter um surto de espinhas. Algumas mulheres sentem que os seios crescem e ficam mais sensíveis. Outra coisa que costuma crescer é a barriga. Você pode se sentir estufada e empanturrada, como se tivesse exagerado numa deliciosa porção de macarronada.

De acordo com muitas pessoas, ficamos com mais vontade de comer chocolate e besteiras logo antes de menstruar. Não é bem verdade. No entanto, o que é comum é se sentir cansada, estressada e sensível por qualquer coisa. Talvez você se irrite com sua melhor amiga, com seus pais ou com seus irmãos mais novos sem que eles tenham feito nada de errado. Talvez você comece a chorar porque não entende a lição de matemática. Talvez ache que não há nenhuma roupa no armário que fique bem em você. Você simplesmente se torna mais sensível e crítica consigo mesma.

Acompanhe seu ciclo

- Você pode criar seu próprio calendário no diário. Anote quando menstrua, quando acha que está ovulando e quando sente que está de TPM. Você começa a ver um padrão que se repete?
- Baixe um aplicativo menstrual. Dois favoritos nossos são o Clue e o Flo. Neles você pode inserir informações sobre sua secreção vaginal e seu humor. Aí o aplicativo usa isso para calcular as datas da sua próxima menstruação e da TPM.
- Se a menstruação desaparecer por algum tempo, você pode conferir quando menstruou pela última vez. É fácil esquecer esse tipo de coisa se você não fizer nenhum registro.

TPM

Todas as coisas que acontecem nos dias antes da menstruação — espinhas, barriga inchada, estresse, peitos sensíveis — fazem parte do que conhecemos como tensão ou síndrome pré-menstrual. Talvez você já tenha ouvido falar da TPM. Existem outros sintomas além dos que já mencionamos. Podem ser físicos ou emocionais, e a lista de queixas contém mais de 150 itens! Alguns dos incômodos mais comuns são tonturas, oscilações de humor e a sensação de exaustão total.

Três em cada quatro mulheres apresentam sintomas da TPM na semana anterior à menstruação. A severidade da TPM varia muito entre uma pessoa e outra, mas para a maioria passa em dois ou três dias, e os incômodos são leves.

Se sentir que a TPM atrapalha sua rotina (a escola, os esportes que você pratica ou outras atividades de lazer), pode procurar orientação médica. Existem remédios que podem ajudar se a coisa ficar muito feia. Às vezes, ter alguém com quem conversar também pode ser uma boa.

O LADO BOM DA VIDA

Felizmente, o ciclo menstrual tem seu lado bom. Muitas meninas sentem um pico de energia e disposição no meio do ciclo, quando ovulam. Para quem tem um ciclo de 28 dias, a ovulação ocorre por volta do 14º. Algumas ficam mais apaixonadas nesse período, e sua percepção de bons cheiros e sabores pode ser aguçada. As atletas sentem que seu desempenho nas provas melhora porque o corpo parece ficar leve, e a cabeça, focada. Nessa fase é mais fácil enxergar o lado positivo da vida e de si mesma. Por isso é uma boa ideia usar esse tempo para fazer coisas que você considera desafiadoras ou que te causam receio!

INCÔMODOS MENSTRUAIS: CÓLICAS, DIARREIA E INDISPOSIÇÃO

É completamente normal sentir dores na região do abdome durante a menstruação. Mas essas dores, conhecidas como cólicas menstruais, são muito diferentes das que você sente quando cai e se machuca. Os órgãos moles e quentes dentro do seu corpo não reclamam do mesmo jeito que a pele. Muitas vezes as cólicas são chatas, latejantes ou espasmódicas, e você não consegue identificar exatamente onde está doendo. Pode ser no baixo-ventre, na lombar, nas nádegas e nas coxas.

Muitas vezes as cólicas começam um dia antes da menstruação e geralmente atingem o auge nos dois primeiros dias. Diminuem conforme a menstruação progride e raramente duram mais que três dias. Para muitas pessoas, as cólicas menstruais ficam mais fracas com a idade e especialmente depois de terem filhos.

POR QUE A MENSTRUAÇÃO DÓI TANTO?

Dentro do endométrio — a mucosa do nosso útero —, há produção de grande quantidade de pequenas substâncias hormonais chamadas *prostaglandinas*. Quando a mucosa se desprende durante a menstruação, essas substâncias transmissoras são liberadas aos montes. Sua tarefa é fazer os músculos do útero se contraírem para ter o efeito ketchup: splat! O problema é que o útero muitas vezes se contrai tanto que acaba tendo espasmos.

Todas as células do corpo precisam de oxigênio para sobreviver. A partir da inspiração, obtemos o oxigênio do ar e o mandamos para o pulmão, de onde é transportado pelo sangue para o corpo. Quando temos cólicas menstruais, os músculos do útero se contraem com tanta força que bloqueiam seu próprio suprimento de sangue. Então o útero perde o fôlego! O útero não gosta nem um pouco dessa falta de oxigênio, e te avisa através da dor. Por mais dolorosas que sejam, as cólicas menstruais não são perigosas. O útero não é danificado.

CHORAMINGONAS E VALENTONAS

A quantidade de dor que sentimos durante a menstruação varia muito. A razão disso não é que algumas pessoas têm alta resistência à dor enquanto outras são choramingonas. Certas mulheres simplesmente produzem mais prostaglandinas durante a menstruação. Quanto maior a quantidade dessa substância, maior será o número de mensagens transmitidas por ela. Mais prostaglandinas provocam cólicas mais fortes, o que, por sua vez, aumenta a dor. As cólicas menstruais de algumas meninas são tão fortes que podem ser comparadas às contrações do trabalho de parto, ou seja, o útero trabalha tão intensamente quanto o de uma mulher que está dando à luz um bebê.

A MENSTRUAÇÃO PODE TE DAR DIARREIA

As prostaglandinas da mucosa uterina passam para o sangue, chegando ao estômago e ao intestino. Assim como no útero, elas fazem os músculos do estômago e do intestino se contraírem, forçando o alimento a passar pelo sistema digestório em velocidade turbinada.

Já que o alimento é transportado pelo intestino de forma mais acelerada do que o normal, o intestino não tem tempo de absorver toda a água, por isso as fezes ficam soltas e você precisa correr ao banheiro. Além do mais, muitas meninas sentem enjoo e perda de apetite. Algumas até vomitam.

> Você sabia que a menstruação dói porque o útero não consegue respirar?

A MENSTRUAÇÃO PODE TE DAR DOR DE CABEÇA

As prostaglandinas também sobem para a cabeça. Ali são capazes de criar confusão, deixando você com dor e tontura. Além disso, podem afetar o próprio termostato do corpo, ou seja, o centro da cabeça que controla nossa temperatura. Quando isso acontece, você pode ter febre mesmo sem qualquer infecção por bactérias ou vírus.

PRECISO MESMO FAZER EDUCAÇÃO FÍSICA?

É hora de fazermos o papel de médicas chatas: a menstruação não é motivo para você faltar às aulas de educação física. Na verdade, movimentar-se pode diminuir a dor e ainda fazer a menstruação acabar um pouco mais rápido, já que o exercício físico tende a acelerar a expulsão da mucosa. Não existe nenhuma atividade no mundo que seja perigosa de fazer durante a menstruação. Você pode ficar de ponta-cabeça, nadar e jogar handebol.

No entanto, algumas meninas passam muito mal com a menstruação. Se você tiver forte dor de cabeça, diarreia ou febre, é claro que pode pedir para ser dispensada. Mas para a grande maioria, é uma ótima ideia participar das aulas de educação física, mesmo que seja necessário tomar um remédio antes.

O que deixa muitas meninas constrangidas é tomar banho depois da aula de educação física quando estão menstruadas. Nós entendemos. Para algumas meninas, uma opção pode ser o absorvente interno, escondendo o cordão entre os lábios genitais para que ninguém o veja pendurado. No entanto, muitas meninas não querem usar absorventes internos, e então fica mais complicado tomar banho. Talvez seja um assunto a tratar com a professora de educação física, a coordenadora ou na enfermaria da escola. Você pode pedir permissão para usar o vestiário das professoras ou pular o banho se estiver menstruada. Nesse caso, uma possível solução é lavar as axilas na pia e levar lenços umedecidos suaves para um banho de gato nas partes íntimas.

DICAS PARA AMENIZAR AS CÓLICAS MENSTRUAIS

- **O calor ajuda tanto quanto os analgésicos**
  Compre uma bolsa de água quente ou costure um belo saco de pano (que você possa esquentar no forno) e encha de lentilhas ou arroz. Deixe a bolsa sobre a parte inferior do abdome e descanse no sofá. Só tome cuidado para não se queimar, 40°C é uma boa temperatura. Um banho quente também pode ajudar. De fato, o tratamento com calor é tão eficaz quanto os analgésicos, mas é claro que é um pouco difícil andar pela escola com uma bolsa na barriga.

- **Use os analgésicos corretamente**

  Analgésicos como o ibuprofeno ou o naproxeno impedem o organismo de produzir as prostaglandinas, por isso são os mais indicados para aliviar cólicas e incômodos menstruais. É muito comum esperar até as dores ficarem fortes demais antes de tomar analgésicos, mas não é uma boa ideia, porque assim os comprimidos têm menos efeito. A melhor coisa a fazer se você costuma passar muito mal é tomar os analgésicos logo quando percebe que a menstruação está chegando. Siga as instruções da bula e tome os comprimidos regularmente nos primeiros dois ou três dias da menstruação, sem parar. Só tenha cuidado para não tomar mais do que a dosagem máxima indicada na bula!

- **Se movimente!**

  Fazer exercícios, dançar e praticar ioga produz *endorfinas* no corpo, que diminuem as cólicas e outros incômodos associados à menstruação, como a dor de cabeça. São os analgésicos naturais do organismo.

- **Corte a nicotina e a cafeína, caso as use**

  Cigarro e café pioram os incômodos.

- **Peça ajuda a sua médica ou à enfermaria da escola**

  Com ajuda profissional, você pode encontrar o tratamento certo e avaliar se o anticoncepcional é uma boa opção para o seu caso. Os anticoncepcionais previnem gravidez, mas muitas vezes são usados como remédio para incômodos menstruais, mesmo por quem não tem relações sexuais. Os contraceptivos hormonais diminuem o fluxo menstrual e as cólicas.

TUDO SOBRE ABSORVENTES E COLETORES MENSTRUAIS

Absorvente externo, interno ou coletor menstrual? A escolha pode ser difícil, por isso criamos um guia sobre os produtos que você pode usar durante a menstruação e quais são suas vantagens e desvantagens. A maioria das pessoas que menstruam começa com absorventes externos e, com o tempo, passa para absorventes internos ou métodos mais sofisticados.

Absorventes externos e internos são caros. Não tenha vergonha de pedir ajuda se sua família estiver com dificuldade financeira. Nesse caso pode ser uma boa ideia conversar com alguém na enfermaria da escola, se houver. Muitas vezes lá tem um estoque de absorventes externos e internos, e podem te orientar sobre onde encontrar produtos menstruais de graça.

ABSORVENTES EXTERNOS

O absorvente externo é um protetor longo que se cola na calcinha. Cobre quase toda a sua região íntima e absorve o sangue que sai da vagina. Na parte inferior há uma camada de plástico que impede o fluxo de passar para a roupa. O protetor diário é um absorvente fininho com baixa absorção, destinado principalmente à secreção vaginal, mas pode muito bem ser usado durante a menstruação se você sangra pouco. Tanto os absorventes quanto os protetores diários são descartáveis e não marcam as roupas.

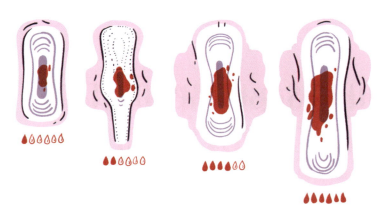

VÁRIOS TIPOS DE ABSORVENTES EXTERNOS

Há absorventes em diversos formatos. Para proporcionar conforto, os diurnos costumam ser relativamente mais finos e mais curtos. Além disso, há absorventes fio dental, que são mais estreitos atrás. Para evitar que o sangue escorra em qualquer direção enquanto estamos deitadas na cama, os absorventes noturnos são mais compridos e largos. Sua embalagem geralmente inclui estrelas e luas, além de indicação por escrito. Tanto os diurnos quanto os noturnos têm versões com e sem abas. As abas são dobradas sobre as bordas da calcinha, posicionando o absorvente com bastante firmeza e impedindo que o sangue vaze pelas laterais.

SISTEMA DE TAMANHOS

A embalagem indica o volume de fluxo que o absorvente comporta. Para o final da menstruação ou para um fluxo leve, são indicados absorventes diurnos de tamanho regular sem abas ou protetores diários. Os absorventes diurnos com ou sem abas servem para um fluxo moderado ou "regular". Se você tiver um fluxo muito intenso, ou se for usar o absorvente por um período mais longo, os noturnos são a melhor opção. Algumas mulheres nunca precisam usar absorventes noturnos e podem perfeitamente usar um "regular" com abas durante a noite, enquanto outras são obrigadas a usar absorventes noturnos durante o dia para evitar vazamentos.

COM QUE FREQUÊNCIA DEVO TROCAR?

O absorvente deve ser trocado quando está cheio de sangue. Quanto tempo isso demora depende da intensidade do fluxo e do absorvente usado. No início, algumas meninas se sentem amedrontadas ao ver seu próprio sangue menstrual no absorvente, mas aos poucos você vai se acostumando. Lembre-se de que a menstruação não é perigosa nem suja, mas um fluido natural que seu corpo produz uma vez por mês. Se você achar que sua região íntima fica com cheiro mais forte quando usa absorventes, pode tentar trocá-los com maior frequência, por exemplo, a cada quatro horas. O absorvente noturno deve durar a noite inteira.

Vantagens do absorvente externo

- É fácil de usar.
- Pode ser usado a noite inteira, mesmo se você dormir bastante.
- Você não precisa inserir nada na vagina.

Desvantagens do absorvente externo

- Você não pode nadar com ele.
- Você sente que está usando, e a virilha pode ficar abafada e suada.
- O absorvente pode deixar suas partes íntimas com um cheiro mais forte do que o normal. Se isso te incomodar, a solução é lavar a região íntima com água e trocar o absorvente com maior frequência.

PASSO A PASSO

1. Tire a película do adesivo da parte de trás e cole o absorvente dentro da calcinha. Se tiver abas, remova a película dos adesivos delas também e cole-as na parte de fora do fundilho da calcinha.

2. Use o absorvente até ele começar a ficar saturado ou com cheiro desagradável. Quando o absorvente não consegue absorver mais sangue, você sente que a umidade aumenta entre as pernas.

3. Para trocar o absorvente, é só descolar da calcinha, enrolar como um rocambole e o envolver em papel higiênico ou na embalagem plástica do novo absorvente. Assim você evita qualquer lambança.

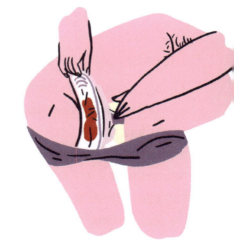

ABSORVENTES INTERNOS

O absorvente interno parece uma pequena rolha branca com um cordão na ponta. Foi feito para ser inserido na vagina durante a menstruação. Depois de colocá-lo, você não percebe que está lá. Na parte externa do corpo, também não aparece nada além da cordinha que fica pendurada para fora. Conforme vai absorvendo o fluxo menstrual, ele aumenta de tamanho. Quando fica cheio, é hora de tirar e jogar fora. Você percebe que o absorvente interno está cheio quando ele começa a sair da vagina ou quando o sangue começa a vazar na calcinha.

QUEM PODE USAR ABSORVENTE INTERNO?

Algumas pessoas acham que os absorventes internos não são bons para meninas novas. Isso não é verdade. O absorvente interno é seguro de usar e não vai prejudicar suas partes íntimas. Qualquer pessoa que tem uma vagina pode aprender a usar absorventes internos.

DÓI USAR ABSORVENTE INTERNO?

Nas primeiras vezes que você usar um absorvente interno, pode achar estranho ou desconfortável; afinal, não está acostumada a inserir coisas na vagina e talvez contraia a musculatura dali sem perceber. Então pode ser difícil inserir o absorvente. Além do mais, muitas novatas não têm coragem de empurrar o absorvente interno até o ponto certo. Se ele ficar logo na abertura vaginal, você vai senti-lo o tempo todo. Tente empurrá-lo mais para dentro com o dedo. Quando estiver devidamente encaixado, você não vai mais perceber que está usando.

QUE TAMANHO VOU USAR?

Os absorventes internos vêm em três tamanhos: mini (fluxo leve, ícone com dois pingos na embalagem), médio (fluxo moderado, três pingos na embalagem) e super (fluxo intenso, quatro pingos na embalagem). O tamanho tem a ver com a capacidade de absorção, não com o tamanho de sua vagina. De qualquer forma, é mais fácil usar o menor no início, para se acostumar um pouco, e aumentar conforme for adquirindo segurança na aplicação. Não importa a idade, qualquer pessoa com vagina tem espaço para um absorvente grande.

A vantagem de um tamanho maior é que não há necessidade de trocar o absorvente com tanta frequência, mas a desvantagem é que a vagina pode ficar muito seca, causando desconforto na hora de introduzi-lo e retirá-lo. Além disso, se o absorvente não fica cheio, é mais fácil esquecê-lo lá dentro. Você jamais deve deixar o absorvente interno na vagina por mais tempo do que uma noite normal de sono, ou seja, de oito a nove horas.

ABSORVENTES INTERNOS ESQUECIDOS

Mesmo assim, às vezes acontece de as pessoas esquecerem o absorvente interno dentro da vagina. Já ajudamos pacientes que deixaram por uma semana inteira. Em geral, dá tudo certo, mas o cheiro é horrível. O absorvente interno não pode desaparecer dentro do corpo, porque a vagina é um tubo fechado que acaba no colo do útero. Se você acha que esqueceu um absorvente interno lá e não consegue pegá-lo com os dedos, tente se sentar de cócoras e fazer força, como se estivesse fazendo cocô. Assim, pode ser que o absorvente interno deslize para fora. Se não adiantar, você vai ter de ir ao médico.

Tome cuidado com o que coloca entre as pernas!

Alguns fabricantes adicionam perfumes e produtos químicos desnecessários aos absorventes externos e internos para que fique com um cheiro bom, mas isso não faz bem para a pele sensível da região íntima. Tais substâncias podem causar reações alérgicas e erupções genitais, que dão coceira, ardência e queimação. Muitas pessoas só começam a ter reação depois de ter usado os produtos por bastante tempo.

Evite absorventes perfumados. Se estiver em dúvida, consulte a composição na embalagem.

Se você sentir irritação na região genital no período da menstruação, uma boa ideia pode ser trocar o absorvente externo por um coletor menstrual, um absorvente interno ou experimentar uma nova marca. Se você tiver muitas alergias ou uma inflamação estranha, existem absorventes hipoalergênicos que são feitos sem qualquer produto químico irritante ou perfume.

APLICADORES

No mercado há absorventes internos com aplicadores próprios. Os aplicadores consistem em dois tubos de papelão ou plástico, feitos para facilitar a inserção do absorvente interno sem a necessidade de enfiar o dedo na vagina. Geralmente, esses absorventes são mais caros. Além disso, a embalagem adicional não faz bem ao meio ambiente. No entanto, se for sua primeira vez usando um absorvente interno e você estiver apreensiva, pode ser bom começar por esses tipos com aplicador. Em geral, entram com mais facilidade.

Além disso, os aplicadores são práticos se você estiver num lugar onde não consegue lavar as mãos direito, por exemplo, num acampamento ou numa praia. Existem opções ecológicas que podem ser compradas pela internet.

Vantagens do absorvente interno

- Não dá para ver nem sentir.
- Você pode usá-lo para nadar.
- Você fica menos suada na virilha, e é mais fácil se manter limpa ao longo do dia.

Desvantagens do absorvente interno

- Inseri-lo requer um pouco de prática.
- Algumas pessoas sentem desconforto nas primeiras vezes, porque contraem a vagina ou não inserem o absorvente interno até o ponto certo.
- Você deve se lembrar de tirá-lo dentro de, no máximo, nove horas.

Por que é importante não deixar o absorvente interno na vagina por muito tempo?

Um número muito pequeno de pessoas tem o azar enorme de desenvolver uma doença rara chamada síndrome do choque tóxico (SCT).

Entre elas, algumas ficam doentes por terem inserido o absorvente interno com dedos sujos ou por terem-no deixado dentro da vagina por muito tempo. No entanto, é possível contrair essa doença por vários outros motivos, tanto que pessoas que não menstruam e que não usam absorventes internos também correm esse risco.

Quem tiver o grande azar de ficar com a SCT vai perceber logo, pois passará muito mal, com febre alta e repentina, vômitos, diarreia, dor de cabeça, dores musculares e, com frequência, erupções na pele. Esses são sintomas que indicam uma doença grave, e a pessoa precisará procurar ajuda médica imediatamente. No caso de ter usado absorvente interno, deverá informar o médico do hospital ou do pronto-socorro sobre isso.

PASSO A PASSO

1. Para colocar o absorvente interno pela primeira vez, é bom estar sem pressa e tentar relaxar. Antes de começar, lave bem as mãos.

2. Retire o plástico que protege o absorvente. Puxe o cordão na base para que fique pendurado. Esse é o cordão que você vai usar para tirar o absorvente depois, então é importante que seja fácil achá-lo.

3. Encontre uma posição confortável em que consegue relaxar. Pode colocar uma perna em cima do vaso sanitário ou se sentar de cócoras. Use o dedo ou um espelho para encontrar o buraco da vagina.

4. Segure o absorvente na base (onde o cordão está preso) e o insira na vagina. Na hora de empurrá-lo, um truque é inclinar um pouco a ponta do absorvente para trás, na direção do bumbum, em vez de deixá-lo reto. Empurre para dentro até sentir que ele parou. Você precisa enfiar o dedo bem fundo na vagina. Afinal, ela tem até dez centímetros de profundidade.

5. Se estiver usando um aplicador, pode pular o passo 4 e inserir a ponta do aplicador um centímetro dentro da vagina. Em seguida empurre o tubo interno dentro do tubo externo, que está na vagina. Continue a empurrar até que as bordas dos dois tubos do aplicador estejam totalmente alinhadas. Este é o sinal de que o absorvente já foi introduzido na vagina. Agora só falta retirar o aplicador com cuidado, deixando o absorvente dentro da vagina e o cordão para fora. De resto, tudo é igual.

6. Quando o absorvente estiver encaixado corretamente, você não deve senti-lo. Se continuar a senti-lo, pode tentar empurrá-lo mais. O absorvente não desaparece lá dentro, então fique tranquila, porque você não tem como fazer nada de errado. Retire o dedo e confira se o cordão está pendurado para fora.

7. Para remover o absorvente interno, puxe o cordão que está pendurado para fora da vagina. Inspire fundo e, quando expirar, retire o absorvente. Tente relaxar a região íntima. Embrulhe o absorvente em um pouco de papel higiênico e o jogue no lixo. Nunca no vaso sanitário.

COLETOR MENSTRUAL

O coletor menstrual é exatamente o que o nome diz: um coletor para o sangue menstrual. É inserido na vagina durante a menstruação e fica esticado entre as paredes dela, vedando tudo e impedindo que o sangue escorra pelas laterais. Assim como o absorvente interno, ele não pode ser visto nem sentido se estiver posicionado corretamente.
O coletor é feito de silicone macio e vem em diversos tamanhos. É bom começar com o menor.

QUEM PODE USAR O COLETOR MENSTRUAL?

Quem quiser pode usar o coletor menstrual, em qualquer idade. O coletor menstrual cabe em qualquer vagina, mesmo no caso de quem nunca teve relação sexual, sem causar nenhum tipo de lesão. Muitas pessoas que menstruam demoram a experimentar o coletor menstrual porque o começo pode ser desafiador, e é preciso se sentir confortável lavando e tirando o sangue do coletor todos os dias.

BOM PARA O MEIO AMBIENTE

O coletor menstrual tem uma grande vantagem: não ser prejudicial ao meio ambiente. Imagine quantos absorventes são jogados fora todos os dias no mundo. É uma quantidade enorme de lixo! O coletor menstrual pode ser usado repetidas vezes durante anos a fio. Custa entre quarenta e noventa reais, mas no longo prazo acaba sendo muito mais em conta do que absorventes. Pode ser comprado em farmácias e lojas on-line.

COMO SE USA O COLETOR MENSTRUAL?

1. Para inserir o coletor menstrual, você o dobra na forma de um triângulo pontudo e o introduz bem fundo na vagina com os dedos.

2. Depois de ter certeza de que está inserido até o ponto certo e com a abertura virada para cima, você o solta. Então o coletor se abre e se molda ao formato da parede vaginal. Você pode usá-lo por até doze horas.

3. Para tirar, precisa apertar o coletor cuidadosamente e puxar pela ponta que fica na base, ou pescá-lo, segurando a borda do coletor com o dedo.

Não importa o tipo de coletor que você usa, é uma boa esvaziá-lo com frequência até pegar o jeito. Assim a meleca de sangue fica menor. Despeje o sangue no vaso sanitário ou na pia, enxágue o coletor muito bem e o coloque de volta.

4. Entre cada menstruação, você deve ferver o coletor menstrual para ter certeza de que está bem limpo. Como sempre, é importante lavar as mãos antes de colocar ou tirar.

> Você pode usar o banheiro sem tirar o coletor menstrual da vagina. Isso também se aplica ao absorvente interno!

Vantagens do coletor menstrual

- Bom para o meio ambiente e barato no longo prazo.
- Não dá para ver nem sentir.
- Você pode mantê-lo na vagina por mais tempo do que os absorventes internos.
- Pode nadar com ele.
- Você sua menos entre as pernas, e é mais fácil se manter limpa o dia todo.
- Pode aliviar alguns casos de coceira e candidíase causados pela menstruação.

Desvantagens do coletor menstrual

- Custa um pouco mais a princípio.
- Como a maioria dos banheiros públicos não tem pias privativas em cada cubículo, você nem sempre consegue limpar o coletor com tranquilidade.
- Pode fazer mais lambança de sangue durante a troca do que os absorventes internos e externos.

E se o sangue vazar na calça?

- Amarre uma blusa ou jaqueta na cintura. Se não tiver nenhuma, peça emprestada de uma amiga.
- Se estiver sem qualquer absorvente, você pode pegar duas folhas de papel-toalha e dobrá-las em torno do fundilho da calcinha como um absorvente com abas. É bom adicionar um pouco de papel higiênico como uma "rolha" na entrada da vagina.
- Para remover o sangue da roupa, água gelada e sabão são a melhor opção e a que dissolve o sangue com mais facilidade.
- Um profissional da escola sempre pode te ajudar a conseguir um absorvente interno ou externo.
- É comum pensar que os outros vão ficar com nojo, mas lembre-se de que isso acontece com todo mundo que menstrua!
- Se você vir uma mancha de sangue na calça de outra menina, ofereça sua jaqueta e a avise sem deixar os outros saberem. Seja legal! Um dia pode ser sua vez.

CALCINHA MENSTRUAL

Agora já existe a calcinha menstrual! É uma calcinha feita para absorver tanto sangue quanto um absorvente interno, e você não precisa de nenhuma outra proteção quando estiver com ela, mas nos fluxos mais intensos talvez não dure o dia todo. Nesses casos, você pode combinar a calcinha menstrual com absorventes internos ou um coletor menstrual. Por fazer você gastar menos absorventes internos e externos, a calcinha menstrual traz benefícios ao meio ambiente.

> Proteja o meio ambiente com coletor e calcinha menstrual!

Antes de lavar a calcinha menstrual na máquina usando um ciclo delicado, enxágue-a para tirar o sangue. E lembre-se de que é preciso lavá-la todo dia; portanto, ou tenha mais de uma ou só use em ocasiões especiais. Ou seja, é uma verdadeira calcinha de festa!

Vantagens da calcinha menstrual

- Gera menos lixo no meio ambiente.
- Nada fica visível e nada precisa entrar na vagina.

Desvantagens da calcinha menstrual

- Por enquanto, é cara e um pouco difícil de encontrar.
- Precisa ser trocada e lavada diariamente, por isso uma calcinha não é o suficiente para uma menstruação inteira.

O que faço quando for tomar banho de mar ou piscina?

Se você quiser nadar na piscina ou no mar enquanto está menstruada, pode usar um absorvente interno ou um coletor menstrual. O absorvente externo não vai funcionar, porque assim que você entrar na água, ele vai ficar encharcado.

Se você quiser usar um absorvente interno,
é importante trocá-lo quando não for mais mergulhar.
Isso porque o absorvente vai sugar a água e inchar.
O coletor menstrual é a melhor alternativa para nadar,
já que não absorve água e assim permite que você fique bastante tempo na piscina ou no mar.

Se você não estiver sangrando muito e só for dar um mergulho rápido no mar, pode usar um biquíni escuro e dispensar qualquer proteção. Há tanta água no oceano que o sangue vai se diluir sem aparecer. Não precisa se preocupar, porque não vai parecer que de repente um tubarão abocanhou sua perna! Se estiver insegura, que tal fazer um teste na banheira?

Aliás, falando em tubarão: nenhum vai te perseguir
só porque você está nadando menstruada.
É muito pouco sangue para ele conseguir farejar.

POBREZA MENSTRUAL

No mundo há meninas que não têm acesso a absorventes por falta de dinheiro. Muitas nem sequer têm banheiro e água limpa para se lavar — o que pode causar doenças graves. Um número ainda maior de garotas larga a escola ou é demitida do trabalho porque precisa se ausentar às vezes. O nome desse fenômeno é pobreza menstrual. A menstruação é um dos principais fatores para que meninas ainda tenham nível de formação menor e menos oportunidades do que meninos no mundo, o que é simplesmente muito injusto.

PODEMOS CONTRIBUIR

Muitas pessoas não sabem o que é pobreza menstrual, pois ainda é difícil falar aberta e publicamente sobre o corpo da mulher. Você pode contribuir mostrando que não tem vergonha de ser menina ou de estar menstruada. É preciso ter coragem para falar sobre o corpo feminino em público. A menstruação é normal e natural.

CAMPANHA CONTRA A POBREZA MENSTRUAL

Você já ouviu falar de Amika George? Ela é uma jovem que mora na Inglaterra. Certa manhã, quando ainda estava no ensino médio, ela leu no jornal um artigo sobre pobreza menstrual. No texto estava escrito que uma em cada dez meninas inglesas não tem condições de comprar absorventes e que muitas precisam faltar à escola por causa disso.

A pobreza menstrual é um problema mundial.

Todos os meses, meninas deixam de ir à escola porque a família não tem dinheiro para comprar absorventes. Não apenas na Inglaterra, mas no mundo inteiro. Como alternativas, elas enfiam meias, jornais ou trapos nas calcinhas.

Amika ficou revoltada e decidiu fazer alguma coisa. Começou uma campanha nas redes sociais chamada #FreePeriods. Esse nome é genial, pois significa ao mesmo tempo "menstruação livre" e "libere a menstruação".

A campanha de Amika se espalhou rapidamente. Em pouco tempo, ela havia juntado mais de 150 mil assinaturas, e logo milhares de pessoas se reuniram na frente da residência da primeira-ministra em Londres para protestar contra a pobreza menstrual.

Amika foi ouvida. Em março de 2018, veio uma notícia maravilhosa: o governo inglês determinou que 1,5 milhão de libras de tributos arrecadados seriam destinadas ao combate à pobreza menstrual no país. No ano seguinte foi decidido que absorventes internos e externos seriam distribuídos de graça em todas as escolas do segundo segmento do ensino fundamental no Reino Unido.

Amika continua a campanha por absorventes gratuitos, dessa vez nas escolas primárias. A luta contra a pobreza menstrual e o tabu em torno da menstruação estão longe de terminar, mas estamos caminhando para tempos melhores.

Meninas como Amika nos dão esperança para o futuro.

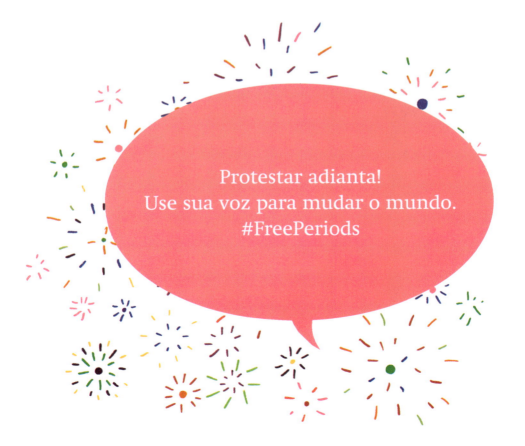

Mitos sobre a menstruação

Felizmente, *você* sabe o que é menstruação e por que menstruamos, mas nem sempre foi assim. Antigamente, algumas pessoas chamavam a menstruação de "maldição", como se fosse algo perigoso ou enfeitiçado. De certa forma não é tão estranho, porque pode parecer bastante incrível que nós, mulheres, sangremos por vários dias sem morrer. Quando as pessoas não sabiam de onde vinha a menstruação, era fácil inventar histórias.

Alguns dos mitos mais incríveis que já lemos sobre a menstruação vêm do naturalista romano Plínio, o Velho, que viveu há dois mil anos. Em sua opinião, a menstruação era tão poderosa que você podia parar tempestades de granizo e trovoadas se deixasse um pano com sangue menstrual sob o céu de relâmpagos. De acordo com ele, o sangue menstrual — mesmo em pequenas doses — era capaz de infectar qualquer coisa: fazer as frutas apodrecerem, o vinho azedar e as abelhas morrerem. Até o salgado Mar Morto poderia ser estragado por sangue menstrual.

Mulheres impuras

Em muitas culturas e religiões era comum ver as mulheres menstruadas como impuras. Grande parte disso se deve ao fato de que somente a partir dos anos 1960 as mulheres começaram a ter acesso a absorventes modernos. Antes, as opções eram deixar o sangue escorrer livremente pelas pernas ou fazer absorventes de tricô ou crochê e prendê-los na virilha com fios ou tecidos. Não é difícil imaginar os problemas que isso causava numa época sem máquinas de lavar e talvez apenas uma muda de roupa para vestir.

DOENÇAS QUE AFETAM A MENSTRUAÇÃO

A maioria das pessoas vive bem com a menstruação e fica pouco incomodada, mas duas doenças relacionadas à menstruação podem infernizar a nossa vida. Ambas são comuns e atingem uma em cada dez pessoas que menstruam. Pode acontecer com você ou com alguém que você conhece. Muito provavelmente, alguém da sua sala.

ENDOMETRIOSE

A primeira dessas doenças é a endometriose. As pessoas com endometriose sofrem com cólicas menstruais excepcionalmente dolorosas. Muitas vezes as dores são tão fortes que a pessoa não consegue ir ao trabalho ou à escola. Se esse for o seu caso, é importante procurar ajuda médica.

As cólicas associadas à endometriose costumam aparecer uns dois dias antes da menstruação e podem continuar por vários depois do fim. Em geral, a experiência de pessoas com endometriose é que as dores se desenvolvem e pioram com o passar dos anos. Nos primeiros anos de menstruação, é incomum apresentar problemas relacionados à doença.

LANCHEIRA EXTRAVIADA

A endometriose tem a ver com o endométrio. Como você talvez se lembre, o endométrio é a mucosa que reveste o interior do útero e funciona como lancheira e ninho do óvulo fecundado. Para as mulheres com endometriose, essa mucosa começa a crescer em outros lugares do corpo onde não deveria. O mais comum é aparecer em lugares próximos ao útero, como no intestino ou na bexiga. Mas a mucosa pode se deslocar para longe e acabar, por exemplo, nos pulmões.

O endométrio no lugar errado é capaz de causar problemas. Quando a menstruação chega, a nova mucosa se comporta exatamente do jeito que se comportaria se morasse no útero. O que isso significa? Ela começa a sangrar.

Uma em cada dez mulheres desenvolve a endometriose. Muitas sofrem com dores sem saber por quê.

O SANGRAMENTO PREJUDICA O ORGANISMO

Se um sangramento começar num lugar onde não deveria, o corpo chama o sistema imunológico para colocar ondem na casa e afugentar os intrusos. O sistema imunológico tenta reparar o dano criando uma inflamação. É essa inflamação que faz as pessoas com endometriose sentirem cólicas mais fortes.

Se a inflamação ficar muito forte, são criadas cicatrizes internas, e quando há formação de cicatrizes dentro do organismo, os órgãos do abdome podem grudar uns nos outros.

Com o tempo, as cicatrizes e aderências no abdome são capazes de causar dores quase constantes. A pessoa também pode ter dificuldade para engravidar, porque o tecido cicatricial fecha as tubas uterinas e bloqueia a passagem do óvulo.

EXISTE AJUDA?

Mesmo que a endometriose seja uma doença séria e incômoda, se for diagnosticada e tratada cedo, os resultados são eficientes. É importante procurar orientação médica. Se a pessoa tomar pílula anticoncepcional para pular a menstruação, pode se livrar de muitas menstruações dolorosas. Com menos sangramentos, também é possível diminuir as inflamações e a formação de novas cicatrizes.

SOP

A outra doença que afeta a menstruação é a síndrome dos ovários policísticos, ou SOP. Um palavrão e tanto! Se dividirmos o nome, podemos ver o que significa. "Poli" equivale a "muitos". "Cistos" são bexigas com líquido que se formam no corpo. "Ovários" são os órgãos onde os óvulos são produzidos, e "síndrome" é o nome dado a vários sintomas que ocorrem ao mesmo tempo. Em outras palavras, a SOP é um grupo de sintomas associados à formação de cistos nos ovários. Essas bexigas com líquido são pequenas e você não percebe que estão lá.

MENSTRUAÇÃO IRREGULAR

Um sinal da SOP é que a menstruação fica irregular ou desaparece por completo. Quem tem SOP menstrua mais raramente porque, muitas vezes, não ovula. Se as ovulações faltarem, é difícil engravidar. Às vezes, mulheres com SOP engravidam sem problemas, outras vezes precisam de uma ajuda a mais.

PELOS, ESPINHAS E PROBLEMAS COM O METABOLISMO

Além de afetar o ciclo menstrual, a SOP pode causar crescimento de barba e pelos grossos no corpo, maior quantidade de espinhas e problemas com o metabolismo. Muitas vezes, mulheres com SOP podem engordar com facilidade e ter predisposição a diabetes quando adultas. Tudo isso acontece porque há um caos no sistema hormonal do organismo.

EXISTE AJUDA?

Na puberdade, é comum menstruar com pouca frequência, mas se isso continuar durante muitos anos, é possível que a SOP seja a culpada. Então é bom consultar uma ginecologista. A recomendação mais comum em caso de SOP é se manter fisicamente ativa e ter uma alimentação saudável.

Consulte um médico se tiver qualquer dúvida! É melhor pedir ajuda do que guardar as preocupações para si mesma.

Isso diminui os problemas. Há também diversos medicamentos que podem ser prescritos. Sua médica vai ajudá-la a escolher o melhor tratamento.

DOENÇAS FEMININAS SECRETAS

A endometriose e a SOP são doenças íntimas que só afetam as pessoas que menstruam. São doenças que têm recebido pouca atenção, também na comunidade médica, o que leva muitas pessoas a passar anos com queixas significativas sem receber ajuda adequada. É uma situação injusta e desnecessária.

Felizmente, cada vez mais mulheres têm coragem de se expor e dar um rosto às doenças, o que representa uma esperança de que no futuro possamos ter diagnósticos mais rápidos e tratamentos melhores. Até chegarmos lá, é importante que as mulheres exijam ser ouvidas por seus médicos. Dores fortes e menstruações raras são coisas que devem ser levadas a sério.

CLITÓRIS

O corpo humano é coberto de nervos que captam tudo que entra em contato com a pele. Nossas partes íntimas são especialmente sensíveis, e em função de suas numerosas terminações nervosas, o clitóris é ainda mais. Na cabeça do clitóris, as terminações nervosas estão mais concentradas do que em qualquer outro lugar do corpo. Por ser tão sensível, é um órgão muito importante quando se trata de sexo e prazer.

O clitóris tem várias partes. A cabeça fica na porção anterior da vulva, onde os pequenos lábios se encontram, e é como uma pequena protuberância coberta por um capuz protetor. O tamanho da cabeça do clitóris varia de pessoa para pessoa. Em algumas, pode se projetar para fora do capuz; em outras, está completamente escondida.

A cabeça do clitóris é apenas um pequeno pedaço de um grande órgão. Debaixo da superfície, o clitóris engloba toda a região genital. Com um pouco de imaginação, o clitóris pode ser comparado a um cavalo. A cabeça do clitóris representa a cabeça do cavalo. Depois vem o pescoço, que passa para dentro de seu corpo num arco e acaba formando um pequeno corpo próprio antes de se dividir em quatro pernas. Escondidas sob os lábios genitais, há duas pernas de cada lado da região genital que circundam a uretra e a vagina.

EREÇÃO

As pernas do clitóris consistem em algo conhecido como corpos cavernosos, que são feitos de tecido erétil coberto por uma membrana. Se o tecido erétil se enche de líquido, cresce feito uma esponja mergulhada na água. Vaginas podem ter ereção. A ereção significa que os corpos cavernosos do clitóris se enchem de sangue e ficam grandes. Quando você tem ereção, o clitóris é capaz de ficar com o dobro do tamanho normal! Por isso a região genital tende a parecer maior e mais escura.

Você pode ter ereção a qualquer momento. Às vezes acontece do nada, outras vezes, porque você está excitada. A excitação é uma importante sensação no corpo, e vamos falar mais sobre isso daqui a pouco. Talvez você nem perceba quando estiver com uma ereção, mas muitas pessoas com vagina relatam pulsação ou estremecimento nas partes íntimas. É exatamente a mesma coisa que acontece quando um pênis fica duro. Também se chama ereção. Tanto pênis quanto vaginas podem ter ereção várias vezes por dia, até durante o sono. Quando o clitóris está inchado, pode ser um pouco mais difícil fazer xixi, porque as grandes pernas do clitóris apertam a uretra.

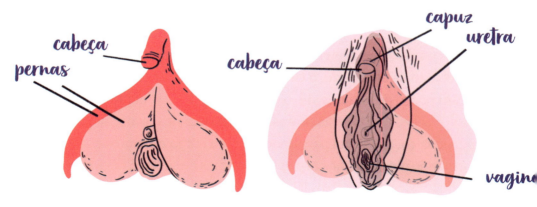

Aqui você vê a estrutura e a posição do clitóris dentro do corpo.

Mutilação genital

Em alguns lugares do mundo, a sexualidade feminina é vista como um pecado e uma ameaça tão grandes que os adultos danificam o clitóris e as partes íntimas das meninas. Essa prática é conhecida como mutilação genital. Algumas crianças têm a cabeça do clitóris cortada fora, outras têm seus lábios genitais costurados. Muitas vezes, isso ocorre antes mesmo de entrarem na puberdade. A mutilação genital é prejudicial à saúde e portanto proibida na maioria dos países. Mesmo assim, mais de duzentos milhões de meninas são vítimas dessa prática.

No Brasil, a mutilação genital é proibida por lei. Na Noruega, é proibido não só sujeitar alguém à mutilação genital, como também levar meninas para outros países para realizar o procedimento. Além disso, é considerado crime saber que alguém será submetido à mutilação genital e não fazer nada. Quem suspeitar de que uma menina corre o risco de passar por isso tem obrigação de notificar a polícia.

A mutilação genital pode causar infecções e dores persistentes na região. Algumas meninas têm dificuldade de fazer xixi ou menstruar. Muitas apresentam problemas durante as relações sexuais.

É importante entender que as vítimas de mutilação genital não fizeram nada errado. Se você ou alguém que você conhece passou por isso, deve procurar ajuda. É possível, por exemplo, reparar os órgãos genitais por meio de cirurgia. Esse tipo de intervenção pode amenizar os problemas enfrentados pelas vítimas.

HÍMEN

O hímen é um pequeno pedaço de mucosa que fica logo na abertura vaginal. Muitas vezes tem forma de anel, lembrando uma coroa de flores ou um elástico de cabelo. No entanto, a aparência pode variar muito de uma menina para outra: em algumas, é cheio de dobras, como uma saia de pregas; em outras, tem pequenos fragmentos que se estendem sobre a abertura vaginal parecendo um "o" cortado. Também pode ser esgarçado ou dividido em retalhos. O hímen de algumas mulheres é fino com um grande furo no meio, enquanto outras têm um hímen mais largo e grosso que deixa o orifício no meio menor.

Todas as pessoas com corpo biologicamente feminino nascem com hímen. Ele surge na fase inicial do desenvolvimento do feto, durante a formação dos órgãos genitais femininos. Primeiro, é uma membrana sem qualquer abertura, mas pouco antes de nascermos, o hímen muda. Quase sempre ele ganha um ou mais furos. Isso é bom, porque as secreções e o fluxo menstrual precisam ter por onde sair quando atingimos a puberdade.

O HÍMEN É ELÁSTICO COMO UM PRENDEDOR DE CABELO

O hímen não só lembra um prendedor de cabelo, ele também tem a mesma elasticidade e se expande quando você insere algo na vagina, por exemplo, um absorvente interno. Em algumas meninas, o elástico é um pouco apertado, por isso o hímen pode se romper se algo maior for introduzido na vagina. Nesse caso, você pode sangrar um pouco. Mais ou menos metade de todas as meninas tem esse tipo de sangramento durante a primeira relação sexual.

Talvez o sangue pareça um pouco assustador, mas não é nada perigoso. Não é uma quantidade prejudicial e para automaticamente.

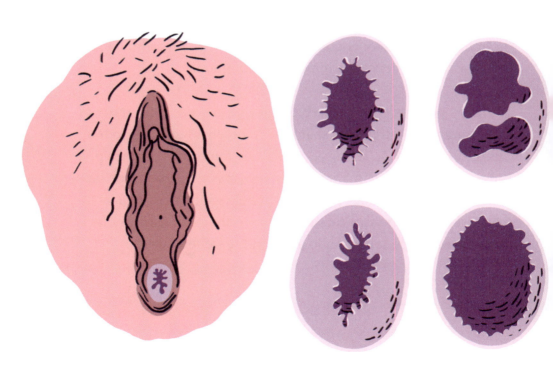

Os pequenos arranhões no hímen também podem cicatrizar, tornando-se invisíveis. Muitas pessoas pensam que o hímen desaparece quando uma menina tem relações sexuais, mas não. Se você cair, pode ralar o joelho, mas não vai perdê-lo por causa disso. A ferida no joelho cicatriza. É a mesma coisa com as lacerações no hímen.

Você sabia que "hímen" vem do grego e significa "membrana"?

Hímen sem abertura

Algumas pouquíssimas meninas não apresentam nenhum orifício no hímen. Elas têm uma membrana que fecha a abertura da vagina por completo. As meninas com hímen imperfurado ficam doentes quando menstruam, porque o fluxo fica preso dentro do corpo. Então elas têm cólicas muito fortes, mas a menstruação não desce. Para resolver a situação, é preciso fazer uma cirurgia que deixa o sangue sair.

MITOS PERIGOSOS

Ao longo da história, era considerado importante que as mulheres esperassem até se casarem para ter relações sexuais. As meninas que esperavam eram consideradas "puras", enquanto as que tinham relações sexuais antes eram vistas como "sujas" ou até "estragadas". Isso talvez soe estranho, mas não faz tanto tempo que as coisas eram assim, tanto na Noruega quanto no Brasil. Ainda há muitas pessoas no mundo que pensam dessa forma. É o caso de comunidades caracterizadas por grande fanatismo religioso ou por uma visão muito antiquada de que os homens devem mandar nas mulheres.

Nessas comunidades, o hímen muitas vezes serve como prova para mostrar se a menina teve relações sexuais ou não. Segundo essa crença, se uma menina não sangra na noite de núpcias, é porque já fez sexo antes. Outros pensam que através de um exame é possível ver se uma menina é "virgem" ou não. Nada disso é verdade, são mitos, mas mitos que colocam as meninas em perigo. Se não houver sangramento ou se o tal exame der a entender que ela parece não ser virgem, a menina pode ser submetida a exclusão, agressão ou, em casos extremos, morte por defesa da honra.

Isso deixa muitas meninas desesperadas para provar que são virgens. Algumas vão ao médico a fim de serem examinadas e obterem "provas" por escrito, os chamados atestados de virgindade, que são pura fabricação. Não se pode ver ou sentir nenhuma diferença no hímen entre quem já teve relações sexuais e quem não teve. Há várias razões para isso: a primeira é que metade de todos os himens não é danificada pela relação sexual; portanto, é impossível que mude de aparência depois do sexo. A segunda razão é que os himens que são danificados por relações sexuais geralmente se regeneram e voltam a ser como antes. A terceira razão é que os himens variam tanto de uma menina para outra que não existe um padrão único de como devem ser. Só de olhar para um hímen, não temos como saber se sua aparência resulta de relações sexuais ou se sempre foi assim.

Algumas mulheres procuram um cirurgião para operar o hímen. Essas cirurgias são vendidas como uma reconstituição do hímen, mas não se pode consertar algo que nunca foi quebrado. O que os cirurgiões fazem é deixar a abertura vaginal e o hímen mais apertados do que o normal. A ideia é que depois de operar o hímen, a pessoa sangre mais facilmente durante a relação sexual. No entanto, não há garantia de que funcione, ou seja, de que a pessoa sangre. Além do mais, a cirurgia torna a relação sexual uma experiência dolorosa para a mulher.

É normal ter relações sexuais sem sangrar, mesmo que seja a primeira vez. E não é possível ver qualquer diferença nas partes íntimas de quem já fez sexo e de quem não fez.

HIMENS E VIRGINDADE

Você já ouviu alguém usar a expressão *membrana virginal*? Quando as pessoas usam esse termo, estão falando do hímen. Hímen e membrana virginal são a mesma coisa, mas esse último nome é pouco adequado porque cria muitos mal-entendidos. Em primeiro lugar, muitas pessoas que ouvem essa expressão acreditam que o hímen é exclusividade de quem é *virgem*. "Virgem" é uma palavra antiquada usada para denominar quem nunca teve relações sexuais. Mas não se perde o hímen no sexo, então isso não faz sentido! Além do mais, a designação do hímen como "membrana" faz as pessoas pensarem que o hímen cobre e veda tudo, como se fosse um pedacinho de pvc fechando a abertura da vagina. Isso também não é correto! Como você já sabe, quase todas as meninas nascem com um ou mais furos no hímen. Já que a parte do corpo da qual estamos falando parece uma coroa de flores com uma abertura no meio, a palavra norueguesa *skjedekrans*, que significa "coroa vaginal" em português, denota um conceito interessante.

DIVULGUE A MENSAGEM

Todas as meninas têm o direito de decidir sobre o próprio corpo e sua sexualidade. Mesmo assim, na prática não é garantido que isso aconteça. Divulgar o conhecimento sobre o hímen e os mitos perigosos a respeito da "membrana virginal" é um pequeno passo na direção de um mundo mais livre e seguro para as meninas. Ajude-nos a divulgar a mensagem!

OS EXERCÍCIOS FÍSICOS AFETAM O HÍMEN?

Já conversamos com muitas meninas que pensam que pedalar, dançar ou montar a cavalo pode comprometer o hímen. Isso é bobagem. O hímen não pode ser prejudicado por um assento de bicicleta e tampouco se estraga com a prática de esportes ou dança. Você pode fazer o que quiser sem se preocupar com o hímen. O uso de absorvente interno ou coletor menstrual também não apresenta nenhum risco.

INTERSEXUAL

A maioria das pessoas nasce com um corpo característico de menino ou menina, mas algumas pessoas nascem com um corpo misto, que fica entre o feminino e o masculino. Isso se chama intersexo. "Inter" quer dizer "entre", ou seja, a palavra simplesmente significa "entre sexos".

MENINAS E MENINOS SÃO MAIS PARECIDOS DO QUE VOCÊ IMAGINA

Um corpo misto talvez soe um pouco estranho. Como o corpo pode parecer feminino e masculino ao mesmo tempo? Afinal, ambos têm órgãos genitais tão diferentes um do outro!

Mas será que as coisas são mesmo assim?

Na verdade, não são. Os órgãos genitais masculinos e femininos são compostos exatamente pelas mesmas partes. Essas partes são apenas montadas de maneiras diferentes e crescem até tamanhos diferentes.

Quando estamos dentro da barriga da nossa mãe, nos desenvolvemos lentamente a partir da fusão de um óvulo e um espermatozoide até nos tornarmos um bebê humano completo. Na fase inicial da vida do feto, é formado o que vai se tornar o órgão genital. Esse ponto de partida tem o aspecto de um pequeno botão entre as pernas do feto. É idêntico em todos, não importa o sexo biológico do bebê.

O botãozinho se chama tubérculo genital, e ele se transforma num pênis ou num clitóris ao longo da formação do bebê.

Debaixo do pequeno botão, há duas dobras macias, que se transformam nos grandes lábios ou no escroto. Se você tiver a oportunidade de examinar de perto o saco de um menino, vai ver uma linha fininha no meio. Esse é o lugar onde os lábios genitais se juntaram e se transformaram num escroto enquanto ele estava dentro da barriga da mãe.

DNA – A RECEITA DO CORPO

Enfim, os órgãos genitais têm exatamente a mesma origem. Mas o que determina se o feto terá corpo feminino ou masculino?

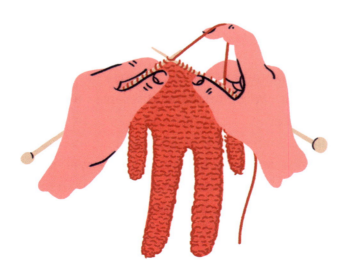

São nossos genes. Dentro de todas as nossas células temos DNA. O DNA é a receita exclusiva e necessária para fazer exatamente você!

O DNA consiste em longos fios de receitas estruturados em pequenas meadas que lembram um pouco novelos de lã. Essas meadas são os cromossomos. Dois dos cromossomos — os cromossomos sexuais — determinam nosso sexo biológico. O sexo feminino tem dois cromossomos iguais: XX. O sexo masculino tem cromossomos diferentes: XY. Em corpos intersexuais, por sua vez, muitas vezes existem combinações de cromossomos diferentes dos padrões.

CORPO MISTO

Às vezes, a receita é mal interpretada durante a formação do corpo, resultando em um corpo que não é inteiramente feminino nem masculino. Por fora, isso pode ser visto como uma genitália intermediária. Também pode haver equívocos na formação dos órgãos genitais internos. Nesse caso, é possível que a pessoa apresente uma vulva e uma vagina, mas fique sem útero e ovários.

CIRURGIAS EM CORPOS MISTOS

Antigamente, os médicos se preocupavam muito em operar o mais cedo possível os órgãos genitais de crianças com corpos mistos. Na cirurgia, eles mudavam o corpo misto, transformando-o em um corpo feminino ou masculino. A ideia era que crianças com órgãos genitais femininos facilmente poderiam ser criadas como meninas, enquanto crianças com órgãos genitais masculinos facilmente poderiam ser criadas como meninos. O mais simples para os cirurgiões era criar genitálias femininas, por isso um corpo feminino foi atribuído à maioria das pessoas com corpo misto. Isso criou problemas. Muitos dos que acabaram com corpo feminino na verdade eram meninos.

Se encaixar num corpo no qual você não se sente à vontade é muito difícil. Hoje em dia é mais comum deixar as próprias crianças descobrirem quem são antes de operar. E pode ser que elas optem por não fazer cirurgia alguma.

SER DIFERENTE NÃO TEM NADA DE ERRADO!

Ser intersexual significa ter um corpo que é um pouco diferente dos outros. No entanto, as pessoas com corpo misto têm um corpo ótimo e funcional do qual se podem orgulhar. O que distingue as pessoas intersexuais das outras é que seu corpo não se encaixa numa categoria específica de gênero. Para algumas delas também pode ser difícil ter filhos sem ajuda médica.

Vale a pena perguntar por que é tão importante se enquadrar numa categoria específica de gênero — por que precisamos ser ou meninas ou meninos? Afinal de contas, somos indivíduos muito além do gênero.

Esportes e intersexuais

Os esportes são divididos por gênero porque os homens têm mais testosterona do que as mulheres, algo que lhes dá mais músculos e mais velocidade. Isso cria problemas para pessoas intersexuais (e também para pessoas trans). A corredora de meia distância Caster Semenya tem corpo misto. Ela tem tanta testosterona que chegou a ser proibida de competir como mulher. Semenya tem de lutar pelo direito de participar como quem ela é: uma mulher que corre rápido.

SERÁ QUE TODA MENINA PRECISA TER CORPO BIOLOGICAMENTE FEMININO?

O que na verdade significa ser menina? Não é fácil responder a essa pergunta. Mesmo que nós, meninas, tenhamos muito em comum, não somos idênticas. Algumas amam futebol, outras odeiam. Algumas preferem balé. Algumas gostam tanto de futebol quanto de balé. Algumas têm cabelos curtos, outras, cabelos longos.

Este livro trata das mudanças que ocorrem com o corpo da menina na puberdade. Mas nem todo mundo com corpo biologicamente feminino é menina, e nem toda menina tem corpo biologicamente feminino.

GÊNERO

Ser menina ou mulher significa pertencer a um gênero. Antigamente, a maioria das pessoas pensava que só havia dois gêneros — o feminino e o masculino. Também se pensava que era fácil distinguir os dois, porque mulheres e homens são diferentes. Felizmente, cada vez mais pessoas entendem que não é tão simples assim. Ter aparência física de homem não significa necessariamente ser homem. E talvez haja mais do que dois gêneros.

CORPO E IDENTIDADE

Vários fatores contribuem para determinar nosso gênero. Os dois mais importantes são nosso corpo e nossa identidade.

Podemos nascer com um corpo masculino ou feminino. Enquanto o corpo feminino tem uma vulva entre as pernas, o corpo masculino tem pênis e saco. Além disso, existem pessoas intersexuais, com corpo misto.

Identidade é algo que está na cabeça. Se você tem identidade de menina, sabe que é menina. Se você tem identidade de menino, sabe que é menino. Hoje, muitas pessoas pensam que a identidade é mais importante do que o corpo na hora de determinar o gênero de alguém. Concordamos plenamente!

CIS E TRANS

Muitas pessoas têm o mesmo sexo no corpo e na mente. Por exemplo, nós, que escrevemos este livro, nascemos com corpo biologicamente feminino e mente de menina. Somos pessoas cis.

Algumas pessoas têm um sexo na mente e outro no corpo. É perfeitamente possível nascer com corpo biologicamente masculino e mesmo assim saber que você na verdade é menina.

Essas pessoas são chamadas de *pessoas trans*, ou podemos dizer que nasceram no corpo biológico que não condiz com seu gênero. Meninas ou mulheres trans são meninas que nascem com corpo masculino, enquanto homens ou meninos trans são meninos que nascem com corpo feminino.

NEM MENINO, NEM MENINA

Algumas pessoas trans têm uma identidade que não corresponde a qualquer um dos dois gêneros, não se identificam nem como meninos nem como meninas. Quem é assim pode preferir dizer que é de um gênero diferente, um terceiro gênero, ou que não é de nenhum gênero específico.

ELE, ELA OU ELU

Muita gente quer saber como chamar uma pessoa trans. Ele, ela ou elu? Mulher ou mulher trans? Nesse caso, não existe resposta certa. Vale a pena perguntar com delicadeza, cuidado e educação o que a pessoa prefere.

É NORMAL TER DÚVIDAS

Descobrir quem você é pode ser difícil. Algumas pessoas trans sabem que nasceram no corpo biológico que não condiz com seu gênero desde bem pequenas. Outras demoram para descobrir. Algumas passam anos com a sensação de que há algo errado antes de conseguirem articular o que é. Se você ou alguém que você conhece tem dúvidas sobre gênero e identidade, recomendamos entrar em contato com um serviço especializado em atendimento a crianças e jovens para obter bons conselhos e apoio.

DIFÍCIL DE CONTAR

Não é fácil contar aos outros que você é trans, e a sensação de se abrir pode parecer assustadora, pois às vezes as reações das pessoas podem te magoar.

Algumas pessoas talvez fiquem tão surpresas que não saberão o que dizer. Outras podem ficar com raiva ou medo, mas isso não significa que não te amam. Dê à família e aos amigos a oportunidade de falar, ouvir e perguntar para que possam compreender. Contar que você é trans costuma ser chamado de "se assumir" ou "sair do armário", a mesma expressão que se usa quando alguém conta sobre sua orientação sexual.

Sair do armário

"Se assumir" ou "sair do armário" significa contar para os outros sobre seu gênero ou sua orientação sexual. As expressões são frequentemente usadas em relação a pessoas trans, gays, lésbicas e bissexuais.

Um dos empecilhos de sair do armário é a surpresa que pode causar às pessoas ao redor. Vale a pena refletir sobre o seguinte: se a maioria das pessoas parasse de pressupor que todo mundo é cis e heterossexual, não seria necessário "sair do armário".

ALGUMAS PESSOAS NÃO VÃO ENTENDER

Gostaríamos que não fosse assim, mas às vezes é perigoso ser trans. Algumas pessoas ficam com raiva quando não conseguem entender algo. Em alguns casos, essas pessoas raivosas são capazes até de agredir ou magoar. Mesmo nos dias de hoje, pessoas trans são vítimas de ameaças e agressões. Se você está com medo de que alguém possa te agredir, ou acha que algum conhecido está correndo risco de ser agredido, deve conversar com um adulto de confiança, alertar a polícia ou o conselho tutelar dos direitos da criança e do adolescente.

CRIAR UM CORPO QUE COMBINE COM A MENTE

Algumas pessoas trans querem mudar a própria aparência para se sentir mais à vontade no próprio corpo. Outras preferem continuar com o corpo e a aparência que têm.

Outras ainda escolhem deixar o corpo como está, mas usam roupa ou maquiagem comumente designadas ao gênero com o qual se identificam, enquanto algumas optam por terapias hormonais e procedimentos cirúrgicos, conhecidos como *tratamentos de afirmação de gênero*. Para receber esse tipo de tratamento, é preciso entrar em contato com profissionais de saúde. No Brasil, o tratamento hormonal é disponibilizado gratuitamente pelo SUS para maiores de 18 anos, bem como as cirurgias de afirmação de gênero, mediante acompanhamento psiquiátrico e psicológico.

Tanto a terapia hormonal quanto as cirurgias podem ser perigosas se não forem realizadas por médicos. Algumas pessoas trans ficam tão impacientes com a espera para conseguir o tratamento que optam por obter remédios pela internet ou por cortar o próprio corpo. Isso é muito perigoso.

Trans não é novidade!

Muitas pessoas preconceituosas pensam que ser trans é algo novo, mas não é. Na verdade, temos relatos sobre pessoas trans que datam de milhares de anos atrás.

Na mitologia grega, o deus Hermafrodito era filho da deusa do amor, Afrodite, e do deus dos ladrões, Hermes. Hermafrodito tinha corpo feminino e genitália masculina: pênis e escroto.

Na Índia, existe um terceiro gênero chamado hijra, e as descrições dos hijras aparecem em textos de 4 mil anos atrás. Eles desempenhavam papéis especiais em cerimônias religiosas, e no passado era comum acreditar que tinham poderes únicos.

A primeira pessoa trans que modificou o corpo com a ajuda de cirurgias foi uma artista plástica da Dinamarca que nasceu com corpo masculino em 1882. Por muito tempo viveu como Einar Wegener, mas enfim se assumiu como mulher e trocou seu nome para Lili Elbe. Infelizmente, as cirurgias não foram bem-sucedidas, e Lili morreu logo depois que os médicos tentaram lhe dar um útero.

RAZÃO E EMOÇÃO

Você pode menstruar e desenvolver corpo de mulher, mas isso não significa que virou adulta. A puberdade também tem a ver com o amadurecimento da cabeça, e seu jeito de pensar vai mudar gradualmente. É provável que você leve um tempo para descobrir quem é e quem quer ser. Aliás, o próprio cérebro passa por mudanças na puberdade, e o caminho que leva a um cérebro adulto pode ser tão cheio de desafios como o que leva a um corpo adulto. Para algumas pessoas, essa é a parte mais difícil da puberdade.

SOPA DE EMOÇÕES

Agora você já sabe que o corpo muda por causa dos hormônios, mas os hormônios também influenciam o cérebro e mudam suas emoções. Talvez suas emoções se tornem mais fortes na puberdade. Isso é completamente comum. Muitas pessoas se lembram da puberdade como um período de mais raiva, insegurança e choradeira do que outras épocas. Além disso, é comum ter oscilações de humor, que podem te deixar nervosa, triste, feliz, ciumenta, ansiosa, envergonhada e outras coisas mais, e você pode mudar entre uma emoção e outra com rapidez incrível. Também pode ter emoções novas que não conhecia antes, como paixão e desejo forte. Tudo se mistura numa sopa de emoções que é deliciosa e horrível ao mesmo tempo.

Pode ser assustador sentir tantas emoções quando não se está acostumada. Mas não desanime! Você não está sozinha, não tem nada de errado com você, e você vai dar conta de tudo isso. Aos poucos seu cérebro vai amadurecer, os hormônios vão se acalmar um pouco e você terá menos emoções para administrar.

EMOÇÕES NEGATIVAS

Todas as pessoas têm emoções negativas. Se perdermos alguém querido, sentiremos tristeza. Se os outros desrespeitarem nossos limites, ficaremos com raiva ou medo. Quando estamos sob muita pressão, nos sentimos inadequadas e nervosas. Sentir emoções negativas na medida certa é saudável. As emoções nos ensinam a nos manifestar e a estreitar os laços com as pessoas à nossa volta. Emoções negativas são naturais e não sinal de doença.

DOENÇAS MENTAIS

Existem diversas doenças e problemas mentais. As doenças mentais afetam nossos pensamentos e emoções a ponto de não nos sentirmos tão bem quanto antes. Às vezes isso atrapalha a nossa rotina. Por exemplo, podemos ter problemas para lidar com o trabalho, os estudos ou com outras pessoas.

Exemplos de doenças mentais são os transtornos de ansiedade e a depressão. As doenças mentais são comuns: até um em cada cinco jovens sofre de sintomas psicológicos como preocupações, problemas de sono e falta de esperança. Quase uma em cada dez meninas terá um diagnóstico de doença mental durante a adolescência. E as que não têm talvez conheçam amigos ou familiares que sofrem de alguma coisa do tipo. Por isso, saúde mental é algo que interessa a todos.

É difícil dizer por que algumas pessoas desenvolvem problemas de saúde mental e outras não. Certas doenças são hereditárias. Para muitas pessoas, os problemas surgem devido a situações difíceis da vida, como estresse e pressão na escola, luto, perdas ou doença. Não há um motivo específico que explique por que alguém fica mentalmente doente. Podem inclusive ser várias as causas.

Se você ou alguém que você conhece está sofrendo de problemas de saúde mental, é importante conversar a respeito e procurar ajuda. Com tempo e apoio, a maioria se recupera completamente.

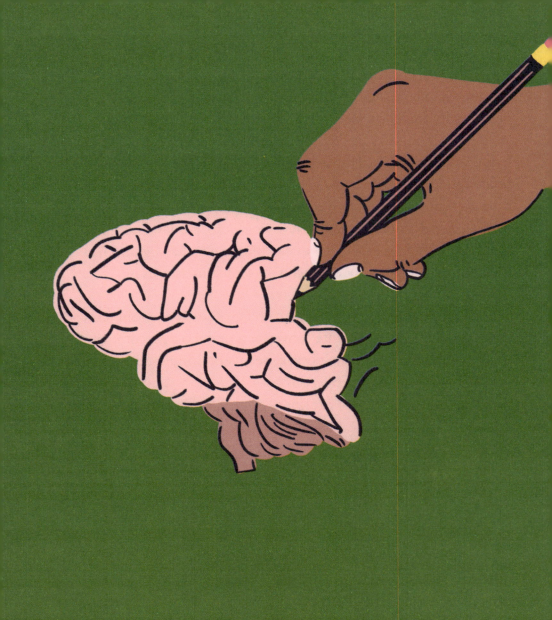

SEU CÉREBRO NÃO ESTÁ PRONTO

Para entender a puberdade, é preciso entender o cérebro e as mudanças que nele acontecem durante a passagem da infância para a vida adulta. Se tirarmos um cérebro infantil e um adulto para comparar, não veremos grandes diferenças. Os dois têm os mesmos componentes e funcionam de maneira bem parecida. A diferença entre crianças e adultos tem mais a ver com que partes do cérebro usamos, como as partes conversam entre si e que partes tomam decisões. O cérebro humano só está completamente desenvolvido com vinte e poucos anos, e ele continua a passar por adaptações até a morte.

COMO É O CÉREBRO?

Seu cérebro é uma grande massa cinzenta que flutua dentro do crânio numa pequena piscina com líquido cefalorraquidiano. A camada externa do cérebro se chama córtex cerebral. Suas dobras e ondulações criam uma superfície enorme. O córtex cerebral é a parte mais fina do cérebro, e mesmo assim é ali que encontramos a maior parte de nossas células cerebrais. São as células cerebrais que estão por trás de (quase) tudo que nós, seres humanos, fazemos.

As células cerebrais se comunicam entre si mandando sinais por prolongamentos que lembram fios, os axônios. Você pode pensar nesses fios como pontes entre as células cerebrais. Através das pontes, mensagens e informações são enviadas num ritmo alucinante.

A comunicação entre as células cerebrais lembra um pouco como as diversas partes do corpo se comunicam através dos hormônios. A diferença é que os hormônios são pequenas substâncias que viajam livremente pelo sangue até encontrarem um receptor, enquanto as células cerebrais precisam ter contato direto com outras células através dos fios para mandar suas mensagens.

O CÉREBRO PARECE MASSINHA DE MODELAR

Todas as coisas novas que você experimenta e aprende levam à criação de novas pontes entre as células. Dizemos que o cérebro é *plástico*. Assim como a massinha de modelar, é moldado e transformado pelo ambiente. As áreas do cérebro que são muito usadas aumentam de tamanho e ganham largos viadutos que as conectam com o resto do cérebro. Por exemplo, se você joga futebol regularmente, novas pontes vão crescer entre as áreas do cérebro que controlam as partes do corpo utilizadas para chutar, correr e marcar gol. Assim, nosso cérebro plástico e fantástico faz com que fiquemos cada vez melhores nas coisas que praticamos muito. Para ter um cérebro saudável e plenamente desenvolvido, precisamos de desafios e repetição.

Na puberdade o cérebro se transforma. Ele faz uma faxina!

INFÂNCIA: BRINCAR E BAGUNÇAR

Durante a infância, grandes mudanças ocorrem dentro da sua cabeça. O cérebro absorve *tudo* que você vivencia. Ele ainda não sabe o que você quer fazer — dançar, jogar handebol, cantar — então simplesmente começa a armazenar todas as informações caso você precise delas mais tarde. Podemos pensar no cérebro infantil como uma criança em idade pré-escolar — ela é curiosa e pega tudo que acha no chão, sem distinguir ouro de cascalho, coisas importantes de coisas sem importância. O cérebro cresce vertiginosamente para armazenar todas as novas informações. Sobretudo o córtex cerebral, com sua grande quantidade de células cerebrais, cresce em espessura a cada ano que passa.

ADOLESCÊNCIA: ARRUMAR E JOGAR FORA

Na adolescência, o processo se inverte. O seu cérebro já está abarrotado de informações e talvez você não precise de todas. É hora de uma boa faxina. À medida que você descobre quem é e o que gosta de fazer, o cérebro começa a se livrar de pontes desnecessárias e do uso dispensável de células cerebrais. Pela primeira vez desde que nascemos, nosso córtex cerebral encolhe! O cérebro basicamente se especializa em ser você. Em meio a toda essa bagunça, do que preciso mesmo? O que é importante para mim?

Paralelamente, vemos que as áreas muito usadas ganham grandes viadutos em vez de estreitas e pequenas pontes. O que isso significa? É um sinal de que o cérebro está começando a ficar mais avançado. Para resolver tarefas difíceis, você precisa usar maiores áreas do cérebro ao mesmo tempo. As partes do nosso cérebro têm que aprender a se comunicar de uma maneira totalmente nova. Isso é um desafio e, em parte, o que torna a puberdade muitas vezes uma experiência confusa.

QUEM MANDA AQUI?

Muitos jovens acham os adultos incrivelmente chatos. Você mesma se sente adulta, talvez já pareça fisicamente adulta, mas não pode decidir nada. Colocar limites (razoáveis) ainda é o papel dos pais. A razão disso é que seu cérebro carece de uma qualidade bem importante: falta um chefe. Em geral, uma pessoa só é considerada adulta, ou seja, maior de idade, ao completar dezoito anos. Se pensarmos no cérebro e seu desenvolvimento, isso é até meio cedo. Somente com vinte e poucos anos o cérebro das meninas está pronto, enquanto muitos meninos precisam estar com vinte e cinco anos completos antes de o chefe assumir o cargo. O chefe do cérebro é o lobo frontal. Está localizado logo atrás de sua testa, na porção anterior do cérebro, e é a parte que planeja, controla e organiza nossa vida. O lobo frontal recebe sinais das outras partes do cérebro, por exemplo, informações sobre as emoções que sentimos, as coisas que vemos e as memórias que evocamos. Ele avalia todos os sinais, classificando-os de acordo com a importância, e cria um plano. Essa parte do cérebro só começa a assumir o controle na puberdade. É ela que realmente define a diferença entre crianças e adultos.

Lembre-se de errar! É com os erros que você aprende.

O CÉREBRO PRECISA DE TREINO

Na adolescência é importante ter liberdade para explorar o mundo dos adultos. A exploração e a possibilidade de errar são o que faz nosso lobo frontal aprender e se desenvolver. São todos os erros que temos permissão e, sobretudo, coragem de cometer na adolescência que nos transformam em pessoas sábias e seguras. Você está na fase de quebrar a cara e ainda assim se sentir segura de que os adultos estão atentos e vão amparar quando você cair. Mas são os adultos que mandam até que seu cérebro esteja pronto para assumir o controle e você possa se tornar chefe de sua própria vida. Primeiro, o cérebro precisa aprender três coisas, passar por três desafios:

OS TRÊS DESAFIOS DO CÉREBRO

1. Consequências

Consequência é o resultado de algo que você faz.
O cérebro do adolescente tem dificuldade em imaginar consequências. Por exemplo, andar em alta velocidade numa moto pode ter algumas consequências, como você cair e se machucar, ou atropelar, ferir gravemente e até matar alguém. Não muito provável, você deve pensar, né? Não mesmo, na maioria das vezes dá tudo certo. Mesmo assim, um número excessivo de jovens morre ou se machuca em acidentes de trânsito. Eles subestimam o risco de que algo perigoso possa acontecer e se arriscam mais porque são menos capazes de prever as consequências do que os adultos.

2. Controle de impulso

Impulso é uma vontade repentina e urgente de fazer algo, geralmente uma coisa divertida, emocionante ou legal. Por exemplo, você de repente pode ficar com vontade de comer um saco inteiro de batatinha, de saltar de um penhasco alto para se exibir ou de beijar alguém por quem está apaixonada. Se você tiver um bom controle de impulso, em vez de fazer tudo que vem à cabeça, vai categorizar os impulsos de acordo com a situação. Você pode se controlar e conferir a profundidade da água antes de pular, por exemplo. Os adultos também têm impulsos, mas não os seguem com tanta frequência, pois têm um controle mais aguçado.

3. Razão e emoção

O cérebro adulto foi treinado para escolher o que fazer com base em planejamento e racionalidade, enquanto o cérebro adolescente em maior grau é governado pelas emoções. Portanto, mesmo que algo pareça certo e importante, nem sempre é. Com frequência surpreendente, as emoções são um guia ruim e podem mentir. As emoções podem levar você a fazer coisas das quais se arrependerá amargamente depois.

Sendo guiada por emoções, você tem uma propensão maior a se engajar em causas importantes. Isso é bom! Ao mesmo tempo, é algo que pode te deixar mais vulnerável à manipulação por pessoas que não querem seu bem. Por exemplo, você pode ser persuadida a ter relações sexuais precocemente, a mandar nudes ou a ir sozinha a um encontro com um desconhecido por quem se apaixonou pela internet. Em casos extremos, há adolescentes que são induzidos a odiar ou ferir outros por meio de extremismo político ou religioso.

Precisamos das emoções, mas não podemos confiar cegamente nelas.

O QUE SÃO AS EMOÇÕES?

É tão bom se sentir feliz! A risada rola solta, o corpo parece leve, e você mal se lembra de como é ficar triste. E que tal sentir orgulho? Quase explodir de orgulho de ter conseguido algo? Também é uma delícia. Mas estar triste já é outra história. Tudo parece cinzento, doloroso e desesperador.

Mesmo já tendo ficado triste ou feliz, é difícil explicar exatamente como são as emoções. Ter emoções pode ser bom, ruim ou intermediário. Às vezes você não sente tanto. Outras vezes as emoções podem mudar rapidamente ou se instalar no corpo. Às vezes são tão fortes que você perde o controle. O que todas as emoções têm em comum é que passam.

Imagine um mundo totalmente sem tristeza, raiva ou inveja. Parece tentador, mas não seria bom. Pois as emoções são importantes para nós! Todas as emoções existem por uma razão. Mesmo as ruins.

O CENTRO DAS EMOÇÕES

Nossas emoções vêm de um lugar no fundo do cérebro chamado sistema límbico. É o centro das emoções do cérebro e está intimamente ligado à nossa memória. As situações ou coisas que despertam emoções costumam ser as que melhor lembramos. Se você se lembrar de uma coisa que aconteceu há muito tempo, as mesmas emoções que você sentiu naquele momento podem te inundar de novo sem que você entenda o porquê.

POR QUE TEMOS EMOÇÕES?

As emoções são parte importante da nossa saúde e têm contribuído para a sobrevivência do ser humano como espécie. A razão disso é que as emoções controlam nosso comportamento e nos fazem funcionar como rebanho.

As emoções podem servir como prêmio ou castigo. Evitamos situações que nos despertam emoções ruins como raiva, medo e tristeza. Ao mesmo tempo fazemos mais daquilo que nos traz alegria.

Também precisamos das emoções para nos comunicar com os outros. Elas podem nos ajudar a receber afeto e aconchego de outras pessoas ou nos proteger de situações ameaçadoras. Até adultos desconhecidos vão dar atenção a uma criança que chora. Por outro lado, se um adulto desconhecido começa a gritar e fica furioso na rua, a maioria das pessoas se afasta.

Quando estamos com outras pessoas, tentamos ler suas emoções através das expressões de seu rosto. As expressões que refletem nossas emoções mais básicas, como tristeza, alegria, aversão ou raiva, são as mesmas independentemente da cultura. De fato, as expressões faciais são algo que entendemos desde que somos bebês. Se vemos que a mamãe e o papai estão felizes, ficamos felizes também. Se eles estão bravos, reagimos com raiva, medo ou tristeza. Os bebês aprendem emoções imitando as pessoas à sua volta. Aliás, à medida que crescemos continuamos fazendo isso. Inconscientemente espelhamos as expressões faciais e a postura corporal das pessoas com as quais conversamos. É assim que nos mostramos amigáveis ou não.

Algumas pessoas aprendem a esconder suas emoções ou a simular emoções que na verdade não sentem. Pense, por exemplo, nos atores; eles só fingem. Pessoas normais também podem aprender a fazer isso. Elas colocam uma máscara para esconder suas emoções. Para quem tem muitas emoções dolorosas, pode parecer mais fácil escondê-las. O problema é que os outros não vão perceber o que está acontecendo e, portanto, não vão conseguir ajudar.

COMO APRENDEMOS A LIDAR COM AS EMOÇÕES?

Durante toda a nossa infância, adolescência e ao longo da vida, aprendemos a interpretar, expressar e suportar as emoções. As pessoas podem administrar suas emoções de maneiras boas e nem tão boas. Essa é uma das coisas mais importantes que aprendemos na vida.

Em algumas famílias, todas as emoções são permitidas e aceitas com compreensão, incluindo emoções dolorosas ou difíceis. As crianças ouvem comentários compreensivos como "entendo que você esteja com raiva agora, e não tem problema", em vez de serem mandadas se controlar. Crianças que crescem num ambiente onde as emoções são permitidas aprendem a tomar consciência de suas próprias emoções, aprendem que as emoções não são perigosas e que passam sozinhas. Não importa quão ruim seja, a emoção não vai durar para sempre.

Em outras famílias, as crianças podem aprender que certas emoções são proibidas. Não queremos dizer que essas famílias têm um bilhete pendurado na porta da geladeira com um grande "x" vermelho sobre a emoção "raiva", mas se uma criança leva bronca sempre que demonstra raiva, ela acaba aprendendo que essa emoção é errada e no futuro vai tentar evitá-la. Talvez fique com medo de sentir raiva.

As pessoas com medo de determinadas emoções fazem o possível para reprimi-las ou ignorá-las. Mas conter as emoções em vez de senti-las não faz bem, porque você não consegue se livrar delas. É como trancar um cão muito bravo dentro de uma pequena caixa: ele não vai desaparecer, só ficar ainda mais bravo.

MENINOS TRISTES E MENINAS BRAVAS

Na nossa sociedade ainda somos regidos pelas expectativas de como meninas e meninos devem ser. Essas expectativas são os papéis de gênero. Por tradição, espera-se que as meninas sejam meigas, carinhosas e sensíveis, enquanto os meninos supostamente devem ser valentes e ocupar mais espaço.

Desde nossa primeira infância, somos divididos por gênero. Já na maternidade, as meninas são vestidas de cor-de-rosa, enquanto os meninos são vestidos de azul. As meninas ganham bonecas, e os meninos, carrinhos. Os papéis de gênero afetam como meninas e meninos são educados.

EDUCAÇÃO DIFERENCIADA

Muitas pessoas devem pensar que não faz mal educarmos meninas e meninos de maneiras diferentes; no entanto, os papéis de gênero nos influenciam negativamente. Por exemplo, ainda é comum acreditar que os meninos são mais capazes e inteligentes do que as meninas, embora não seja verdade. Pesquisas feitas entre meninas jovens mostram isso. Já aos seis anos de idade, as meninas de um desses estudos achavam que os meninos eram mais inteligentes e que trabalhariam com coisas mais complexas do que elas. Pode-se dizer que a autoestima das meninas é prejudicada por rígidos papéis de gênero. Além do mais, os papéis de gênero são um dos fatores que podem guiar nossas emoções mais tarde na vida.

É PERMITIDO SENTIR RAIVA

A raiva é uma emoção que causa problemas para muitas meninas. Talvez porque contraria a expectativa de que meninas sejam quietas e cuidadosas. Meninas bravas podem ser vistas como dominadoras, desrespeitosas e inoportunas. Por isso muitas vezes levam mais broncas do que os meninos por demonstrarem raiva na infância. No entanto, se as meninas começarem a chorar ao serem injustiçadas, é possível que ganhem consolo e um colo reconfortante. Dessa forma, as meninas aprendem que, para elas, a tristeza e o choro são aceitáveis, mas a raiva não. O resultado pode ser que, quando precisarem da raiva mais tarde na vida, não consigam mais encontrar essa emoção e então compensem ficando tristes.

TAMBÉM É PERMITIDO FICAR TRISTE

Para os meninos geralmente é o contrário: eles têm permissão de ficar bravos; na verdade, é um comportamento até mesmo incentivado. Os adultos dão risada quando veem meninos brigando e dizem que é saudável descarregar a raiva. Por outro lado, muitos estranham meninos sensíveis. Se um menino chorar, em vez de ser consolado por um adulto, talvez ouça que deve se controlar. Assim como as meninas às vezes começam a chorar quando na verdade precisam ficar com raiva, os meninos podem ficar bravos ou agressivos quando na verdade precisam ficar tristes.

Papéis de gênero rígidos prejudicam todos nós. Tanto as meninas quanto os meninos necessitam de todo o cardápio de emoções na vida. As meninas devem ter permissão de ficar furiosas, e os meninos devem ter permissão de ficar tristes. Só assim nos tornamos seres humanos completos.

Atividade física como remédio

Você sabe que o exercício físico faz bem para o corpo, mas sabia que a atividade física também é um bom remédio para a cabeça? Quando você se exercita, o corpo produz substâncias de felicidade próprias, as endorfinas, que deixam você mais feliz e talvez um pouco viciada em exercícios físicos.

O exercício físico também pode te ajudar a dormir melhor e a ficar mais disposta, além de acalmar o estresse. Isso é mesmo muito bom, porque muitas meninas se estressam tanto com a escola, com a aparência e com as atividades extracurriculares que ficam doentes. As endorfinas também são capazes de aliviar dores. Por exemplo, cólicas menstruais podem ser amenizadas com exercícios. Além disso, é um fato conhecido que atividades físicas podem melhorar a memória e manter o cérebro saudável até a velhice.

Existem mil maneiras de movimentar o corpo, é só uma questão de encontrar uma atividade que você ache divertida!

O QUE FAZER COM EMOÇÕES DIFÍCEIS?

1. **Lembre-se de que as emoções passam!**
   Saber que você não ficará triste ou com raiva para sempre torna mais fácil aguentar a emoção até ela desaparecer.

2. **Conte até dez!**
   Fortes acessos de raiva muitas vezes se amenizam se você respirar um pouco. Um velho truque é contar até dez antes de falar ou fazer algo de que você possa se arrepender.

3. **Que emoção é essa?**
   Às vezes a emoção é tão forte que você nem consegue identificar. Respire calmamente e reflita um pouco. Muitas vezes uma simples análise vai fazer com que você entenda melhor o que sente e possa se tranquilizar com maior facilidade. Você até pode descrever o que sente em voz alta: "Agora fiquei com muita raiva!".

4. **Por que você sente aquela emoção?**
   Depois de descobrir que emoção está sentindo, por exemplo, raiva, tente descobrir o motivo. Quando você entende por que está com uma emoção muito forte, fica mais fácil se acalmar. Talvez a situação não seja tão ruim quanto você pensa.

5. **Lembre-se de que as emoções mentem**
   Quando a emoção é muito forte, você pode começar a acreditar em coisas que não são verdade. Por exemplo, se você estiver com muita raiva de sua mãe, a raiva pode te induzir a acreditar que ela é a pior mãe do mundo e que você a odeia! Mas então a emoção passa, e as mentiras felizmente vão embora junto.

6. **Fale sobre as emoções**

Assim fica mais fácil compreender e lidar com elas. Você também vai ver que não é a única a sentir o que está sentindo.

7. **Pense em algo que te deixa feliz**

Às vezes você pode controlar suas emoções imaginando algo legal. Que tal pensar em um dia ensolarado de verão ou um passeio de bicicleta com sua melhor amiga?

8. **Se distraia**

Às vezes você não consegue pensar em nada além daquilo que é triste ou difícil. Aí pode ser uma boa ideia fazer algo completamente diferente para se distrair. Fique com seus amigos, assista a um filme, leia um livro ou dê uma caminhada.

9. **Seja criativa!**

Criar algo é uma boa maneira de trabalhar as emoções. Pinte um quadro, faça uma blusa de tricô ou escreva uma música!

10. **Você tem direito de pisar na bola**

Mesmo seguindo nossas dicas, você vai acabar falando ou fazendo coisas de que vai se arrepender. Nós também já passamos por isso. E não tem problema. Todos cometemos erros, e isso não nos torna pessoas ruins ou difíceis. Uma dica simples: peça desculpas se você se comportou como uma monstrinha.

11. **Lembre-se de que os outros também têm emoções**

Todo mundo sente fortes emoções. Alguém já te disse ou fez alguma coisa chata? Tente se colocar na situação daquela pessoa, quem sabe assim seja mais fácil perdoá-la.

EMOÇÕES NEGATIVAS E SAÚDE MENTAL

ESTRESSE

O estresse é algo que acontece com nosso corpo, pensamentos e emoções quando enfrentamos um excesso de coisas ao mesmo tempo. Podem ser eventos ou problemas que nos parecem perigosos ou difíceis. O estresse também pode ser causado pela preocupação de que algo aconteça no futuro.

Todas as coisas que criam estresse no seu corpo e na sua cabeça são chamadas de *estressores*. Por exemplo, a prova de matemática na semana que vem pode ser um estressor. Ou será que você está com medo de que seu namorado queira terminar tudo? Você está sendo excluída? Quantos mais estressores, mais estresse no corpo.

O estresse pode te deixar concentrada e empolgada. Mas se você se estressar demais por um longo período, ele se torna nocivo. O corpo e a cabeça ficam completamente exaustos de estar no modo de crise por muito tempo. Então você não consegue fazer nada até se recuperar.

Muito estresse pode causar ansiedade, pensamentos negativos ou baixa autoestima. Você também pode se sentir triste, ter problemas de sono ou até ficar deprimida.

ANSIEDADE

A ansiedade é uma sensação física de inquietação, desconforto ou pavor. Pode se manifestar como um forte medo de que algo perigoso ou horrível aconteça. Todas nós sentimos um pouco de ansiedade de vez em quando, mas certas pessoas sentem tanta que afeta a vida e a rotina. Algumas ficam ansiosas em relação a certas coisas corriqueiras, como pegar o elevador, andar de avião ou de metrô. Outras se isolam em casa e evitam ir a festas ou lugares com muita gente, porque têm medo de estar perto de outras pessoas. Isso se chama ansiedade social. Outro tipo de ansiedade é conhecido como transtorno de pânico. Nesse caso, você pode de repente se sentir dominada por um forte pânico. Muitas pessoas que passam por isso acham que estão morrendo ou ficando loucas de tão forte que é a sensação. Muitas vão ao pronto-socorro pensando que estão tendo um ataque cardíaco, quando na verdade é um ataque de pânico.

TRISTEZA E DEPRESSÃO

Estar deprimida é estar desanimada. É um pouco como baixar a temperatura de um forno: a depressão baixa suas emoções ao mínimo, de modo que a única coisa que você sente são emoções sombrias e incômodas, como tristeza e vergonha. Muitas pessoas deprimidas têm uma sensação de vazio e angústia, sem esperança para o futuro. Algumas se sentem murchas, ou seja, quase sem nenhuma emoção sequer. Com frequência, pessoas deprimidas têm pouca energia ou disposição, e muitas apresentam problemas físicos, podendo, por exemplo, começar a falar ou se movimentar mais devagar do que de costume. Algumas mudam de hábitos, passando a comer ou dormir muito mais ou muito menos do que antes.

Tristeza e luto são emoções naturais e importantes que você sente quando passa por uma experiência difícil. Por exemplo, você fica triste se for rejeitada ou magoada por alguém, ou se perder uma grande oportunidade. Mesmo que as pessoas deprimidas estejam acostumadas a sentir tristeza, existe uma diferença entre depressão e tristeza ou luto. Os deprimidos tendem a sentir uma intensa autodepreciação e podem ficar tristes sem ter passado por algo difícil ou ruim.

É comum que pessoas deprimidas se isolem dos outros. Algumas ficam com ideias de automutilação ou de querer tirar a própria vida. Nunca é demais perguntar diretamente a alguém se está pensando em machucar a si mesmo. Pelo contrário, essa pode ser a mão amiga de que a pessoa precisa. Se você ou alguém que você conhece precisa de ajuda, procure uma das instituições sugeridas ao final do livro.

MEDO, RAIVA E AGRESSÃO

Medo e raiva são emoções primais. Se alguém tenta te machucar, é importante que você rapidamente entre no modo de crise, então o cérebro funciona por instinto, e as emoções tomam o lugar da razão. O medo e a raiva estão aí para garantir nossa segurança.

Alguns adolescentes passam por situações que suscitam emoções tão fortes que eles perdem o controle de seus atos. Para usar uma linguagem simples: perdem a cabeça ou surtam. Quando as emoções tomam conta de tudo, você pode acabar fazendo coisas que não quer ou de que pode se arrepender. Por exemplo, você pode ficar violenta e agredir outras pessoas, dizer coisas horríveis ou fugir.

Algumas pessoas são mais propensas a tais reações do que outras, e frequentemente isso tem a ver com as memórias que carregam. Muitas crianças e adolescentes crescem em ambientes violentos, outros sofrem abusos ou passam por guerras, o que não dá para ver por fora. O cérebro usa as memórias dolorosas para nos proteger, querendo evitar que acabemos numa situação ruim outra vez. Por isso temos facilidade de notar os detalhes que nos fazem lembrar situações perigosas anteriores. Quando isso acontece, dizemos que um gatilho foi ativado.

Felizmente, a maioria das pessoas vive uma vida segura, e seu corpo não precisa ativar o modo de crise com tanta frequência. Mas algumas pessoas que já passaram por coisas perigosas podem surtar de repente sem que os outros entendam o motivo. Trata-se de uma reação normal que se descontrolou, e é possível obter ajuda!

TOMAR O CONTROLE DAS EMOÇÕES

Todas as pessoas têm métodos para acalmar suas emoções. Por exemplo, você pode inventar uma coisa legal para fazer sozinha ou com outras pessoas, dar uma caminhada, contar até dez ou ouvir música. Algumas técnicas funcionam, outras não. Algumas são saudáveis, outras não, e algumas são até perigosas. Exemplos típicos de técnicas perigosas são a automutilação e os distúrbios alimentares.

Como a ansiedade e o estresse são sentidos no corpo?

Tanto a ansiedade quanto o estresse deixam o corpo no modo de crise. Com o corpo no modo de crise, você está pronta para fazer qualquer coisa para se manter viva, como fugir de leões famintos ou lutar contra alguém que está tentando te machucar.

É bom ativar o modo de crise quando há algum perigo por perto. Mas se você está com ansiedade ou estresse antes de uma prova, não existe nenhum leão faminto ou pessoa malvada tentando te pegar.
A reação fisiológica é totalmente exagerada e muito desagradável.

Por exemplo, você pode ter:

- Palpitações
- Mãos úmidas
- Tremores
- Inquietação
- Pensamentos desagradáveis
- Falta de ar
- Dor de barriga e intestino solto
- Enjoos
- Tontura

AUTOMUTILAÇÃO

A automutilação é surpreendentemente comum entre adolescentes, tanto meninas quanto meninos. Se mutilar é perigoso.

A automutilação ocorre quando a pessoa se machuca de propósito, mas sem ter desejo de morrer, por exemplo, cortando ou arranhando a pele. Algumas pessoas fazem isso porque sentem emoções intensas e negativas, como raiva ou tristeza. A automutilação pode ser uma tentativa de transferir a dor para o corpo. Outras o fazem numa tentativa de assumir o controle. No entanto, a automutilação nunca ajuda a resolver o problema principal, que são as emoções negativas. Incentivamos todas que tenham problemas com automutilação ou pensamentos recorrentes sobre automutilação a procurar ajuda o quanto antes.

TRANSTORNOS ALIMENTARES

Quando a alimentação é usada para controlar as emoções, falamos em transtornos alimentares. A bulimia envolve vomitar o que se come. A compulsão alimentar significa que a pessoa come um monte de uma vez e não consegue parar. A ortorexia é a obsessão doentia com comida "saudável" e exercício físico, enquanto a anorexia ocorre quando a pessoa come muito pouco.

Há muitos enganos ligados aos transtornos alimentares. Em primeiro lugar, esses distúrbios nem sempre ficam visíveis por fora; pessoas de todos os tipos de corpos e pesos podem sofrer com isso. Anoréxicos costumam ficar extremamente magros, mas esse é o transtorno alimentar mais raro. Além disso, não é verdade que transtornos alimentares estão apenas ligados à preocupação excessiva com aparência. É claro que a pressão social relativa à imagem corporal e ao ideal de padrão de beleza influencia, mas o corpo não é o foco nesses casos. Antes de tudo, é uma questão de emoções fora de controle.

Assim como a automutilação, os transtornos alimentares são uma forma de lidar com emoções negativas e situações difíceis. Não deixam de ser também um tipo de automutilação. Para alguém com anorexia, controlar a comida pode dar uma sensação de controle sobre a vida em geral. Para outras pessoas, a compulsão alimentar se torna uma maneira de acalmar emoções dolorosas. Para outras, ainda, vomitar pode trazer a sensação de se purificar das emoções ruins. Cada um tem seus motivos. O que todos os transtornos alimentares têm em comum é que são métodos que talvez tragam algum alívio imediato, criando, em compensação, problemas ainda maiores do que os originais e se tornando doenças.

AJUDA COM PROBLEMAS DE SAÚDE MENTAL

Todas as pessoas que sofrem com emoções difíceis e problemas de saúde mental podem receber ajuda. Conversar com um amigo ou um adulto sobre o que você está sentindo pode ser o primeiro passo, e, para a maioria das pessoas, é o suficiente para vencer um momento difícil. Além disso, existem diversos canais de ajuda para pequenos e grandes problemas. No final do livro, fizemos uma lista dos serviços disponíveis. Vários deles podem te ajudar a procurar um especialista, por exemplo, um médico ou psicólogo. Não importa o que esteja pensando ou sentindo, você não está sozinha! Queremos que saiba que existe ajuda e que vai melhorar. Problemas de saúde mental são comuns. Podem ser dolorosos e difíceis, sim, mas felizmente costumam passar.

GERAÇÃO ALFA

Pode parecer que as crianças e os adolescentes que crescem hoje, como você, estão sob maior pressão do que nossa geração e a de seus pais. Muitas pessoas de sua idade se esforçam demais, pensam no futuro e se preocupam em obter sucesso em todas as áreas: na escola, no lazer, nos esportes, nas redes sociais. É bom pensar para a frente, mas, se exagerar, pode ficar muito exaustivo. Especialmente quando ser bom não é o suficiente e tudo precisa ser *perfeito*. A pressão pelo sucesso pode causar estresse e problemas mentais.

SERÁ QUE "TUDO" É POSSÍVEL?

Já ouviu seus pais ou outros adultos dizerem que você pode se tornar *tudo que quiser* e *realizar todos os seus sonhos*, basta se esforçar? Sonhar certamente pode te motivar a batalhar para alcançar seus objetivos, mas não importa o quanto trabalhe e o quanto sonhe, você não conseguirá realizar todos os seus sonhos. Pode ser difícil de aceitar, mas é verdade e não significa fracasso.

O problema de acreditar que podemos conseguir tudo que quisermos é que nos leva a pensar que somos capazes de controlar até os mínimos detalhes de nossa vida. Se você pode se tornar o que quiser, deve ser sua própria culpa se não chegar aonde queria, certo? Errado! Não é assim. Muitas vezes somos limitadas por coisas que fogem completamente do nosso controle. Por exemplo, um país pode ter apenas um presidente por vez. Caso mais pessoas queiram ser presidentes, não importa quão boas sejam, não vão conseguir. Mas aqui está nossa conclusão: você não precisa conseguir tudo para ter valor. Você já tem valor do jeito que é.

Você tem valor!

Talvez você pense que só tem valor se for bem-sucedida ou se alcançar seus objetivos. Consequentemente, vai achar que não vale nada se não tiver sucesso. Por exemplo, você pode sentir que vale menos se tirar nota ruim numa prova ou se não ganhar muitas curtidas nas fotos que postou no Instagram. Já sentiu algo parecido?

Nesse caso, você esqueceu seu valor próprio. Valor próprio é o valor que você tem por ser quem é, independentemente do que faz ou conquista. Todas as pessoas têm valor por si só, e é importante nos lembrarmos disso de vez em quando. Caso contrário, é fácil se deixar levar na corrida pelo sucesso.

O CORPO E A AUTOIMAGEM

Na puberdade, o corpo pode se transformar muito em pouco tempo, tanto que você nem se reconhece. Muitos jovens precisam de tempo para se sentirem à vontade nesse novo corpo. Ao mesmo tempo, as mudanças ocorrem em ritmo diferente nas pessoas à sua volta. Fica difícil evitar comparações. Quem tem peito maior? Quem tem menos espinhas?

Não temos poder de decisão sobre a aparência do nosso corpo. Não temos controle sobre a puberdade, e o corpo humano vem em milhares de versões. Mesmo assim, você percebe que as pessoas se comportam como se o corpo devesse se encaixar num molde muito específico. Alguns tipos de corpo recebem mais elogios e atenção, e você talvez sinta que não são muito parecidos com o seu.

A VIDA NA INTERNET

As redes sociais não facilitam a vida na puberdade. Agora você tem acesso a fotos de pessoas supersaradas que parecem absolutamente fabulosas. Além do mais, as imagens muitas vezes são editadas para deixar essas pessoas ainda mais bonitas. Vendem uma narrativa cuidadosamente produzida dizendo que é possível ser como elas: é possível ficar perfeita se você se exercitar o suficiente, comprar as coisas certas, tiver uma alimentação saudável o bastante ou até se fizer cirurgias. As pessoas nas redes sociais podem se tornar ideais inatingíveis e pouco saudáveis.

Diante de toda essa perfeição, é muito fácil desenvolver uma relação complicada com o corpo e ter um olhar crítico sobre a própria aparência. É fácil começar a fazer regimes ou exercícios para moldar o corpo, não para se sentir bem nele. É fácil ficar com peso na consciência por causa do que se come. Nós mesmas nos sentimos assim com frequência, apesar de sermos adultas e de já supostamente termos deixado a fase autocrítica da vida para trás.

Por isso, quando dizemos que você deve praticar o amor pelo seu corpo do jeito que ele é, sabemos que é pedir muito. Exige tempo, prática e paciência consigo mesma. Para a maioria das pessoas, a autoestima vem em ondas, na puberdade e na vida.

Mudar o pensamento

Você tem muitos pensamentos negativos sobre seu corpo ou suas habilidades? Uma dica nossa é tomar medidas para se proteger. O que fazemos quando percebemos que a autoestima está começando a falhar é nos desconectar das redes sociais ou parar de seguir todas aquelas personalidades que nos causam mal-estar, sejam blogueiras de malhação, modelos ou pessoas superdotadas.

Muitas vezes, tudo de que você precisa é uma pequena pausa para virar o pensamento numa direção melhor. Também é possível criar regras entre as amigas de não fazer comentários positivos ou negativos sobre o corpo de ninguém quando vocês estão juntas. Em vez disso, elogiem umas às outras por serem engraçadas, gentis ou atenciosas.

Seu corpo não foi feito para participar de um concurso de beleza, mas para te levar pela vida. Mostre gratidão e consideração a ele, dando-lhe alimentos nutritivos na quantidade certa e movimentando-o todos os dias.

De resto, deixe o corpo ocupar o mínimo de espaço em seus pensamentos e sua vida.

BEM PERTINHO

De repente, um dia, a imagem de um braço musculoso ou o contorno de seios macios debaixo da camiseta adquire um significado totalmente diferente. O rubor sobe à face, e os pensamentos correm em novas direções. *O que está acontecendo?*

Mesmo que você talvez já tenha se apaixonado por colegas da sala ou por celebridades, é só na adolescência que o desejo de ficar bem pertinho de alguém floresce de verdade. A cabeça é capaz de ficar distraída e cheia de fantasias sobre amassos e a exploração tímida de outros corpos. Ao mesmo tempo, seu corpo responde com uma sensação titilante — excitação. Talvez você já tenha segurado a mão de seu namorado ou namorada, sentindo que é impossível parar de sorrir? Talvez já tenha dado seu primeiro beijo e sentido o coração bater forte?

Ficar perto de outra pessoa, bem pertinho, é uma das melhores experiências que podemos ter. Na fase em que você está entrando, terá experiências de intimidade completamente novas. Você vai ficar bem pertinho de si mesma, de amigos e talvez também de um namorado ou namorada. Podemos pensar nisso como uma escada de intimidade, na qual cada experiência é um novo degrau. Vamos te mostrar os degraus. Você sobe quando estiver pronta.

APAIXONADA?

Estar apaixonada é delicioso e divertido. É muito intenso. É apavorante. Talvez você já tenha se apaixonado por várias pessoas ou talvez nunca. As duas coisas são perfeitamente naturais e normais. É na adolescência que muitas de nós nos apaixonamos de verdade pela primeira vez, não aquela paixãozinha que passa em dois dias, mas aquela paixão de "chorar na cama" e "flutuar sobre uma nuvem cor-de-rosa". Esse é pelo menos o clichê da paixão adolescente, embora algumas pessoas nunca se reconheçam nisso.

Muitas jovens perguntam como você pode saber se está apaixonada por alguém. Os sinais mais comuns incluem falar sobre essa pessoa, criar fantasias com ela, olhar para ela e querer ficar junto o tempo todo. Muitas vezes você tem vontade de abraçá-la, chegar bem pertinho dela, beijá-la. Pode ser difícil se concentrar em outras coisas da vida. Talvez você roube seu boné ou finja que está pedindo emprestada uma blusa para sentir seu cheiro antes de dormir. Parece loucura, mas para quem está apaixonada é um comportamento totalmente normal!

Sinais físicos de que você está apaixonada

Quando você está apaixonada, o corpo pode começar a se comportar como se você estivesse estressada ou com medo:

- O coração acelera quando o objeto de sua paixão está por perto
- Você fica vermelha
- Você pode esquecer o que ia dizer
- Suas pernas e braços começam a tremer
- Suas mãos ficam suadas
- Sua boca fica seca
- Você sente um vazio no estômago

Mas lembre-se de que todo o caos interno não é visível por fora.

LOUCA PAIXÃO

É um velho clichê dizer que você fica louca de amor, mas o ditado não está tão longe da verdade. A paixão adolescente pode lembrar um pouco a fase *maníaca* vivida pelas pessoas com transtorno bipolar. Transtorno bipolar é uma doença mental, e quem sofre disso passa por períodos de depressão alternados com períodos de euforia e energia excepcionais, ou seja, fica maníaco. Apaixonar-se é como uma leve mania. Você está extraordinariamente feliz e tem uma abundância de energia. Para os outros, pode parecer um pouco sonhadora e distante. É comum dormir menos porque a cabeça está fervilhando de fantasias que te mantêm acordada; mesmo assim, você tende a se sentir descansada no dia seguinte.

Também é comum ter oscilações de humor e se irritar com seus pais e amigos porque você acha que as pessoas ao seu redor não entendem como você se sente. Talvez seus pais não concordem com a ideia de que é muito mais importante ver o seu amado ou amada jogar futebol do que fazer a lição de casa. Talvez sua amiga não ache tão legal que você queira gastar três horas analisando todas as fotos do príncipe encantado ou da princesa no Instagram. Eles te impedem de alcançar seu objetivo, e você não tem autoconsciência o suficiente para entender que está obcecada.

Para a pessoa apaixonada, é até surpreendentemente comum pensar que está disposta a sacrificar tudo pelo objeto da paixão e que vai morrer sem ele. Pode parecer absurdo para quem está olhando de fora, mas mudamos muito quando estamos apaixonadas.

POR QUEM NOS APAIXONAMOS?

Você não pode decidir por quem se apaixonar. Podemos nos apaixonar por meninos, meninas ou os dois. Pode ser alguém que já é um bom amigo, alguém que você mal cumprimentou ou até uma celebridade que você nunca viu e nunca vai conhecer. Nem sempre você entende por que se apaixonou justamente por aquela pessoa.

DA PAIXÃOZINHA AO NAMORO

Mais cedo ou mais tarde você precisa decidir o que quer. Vai deixar a paixão passar ou vai tentar dar um passo adiante e talvez começar a namorar? Se você quer tentar arranjar um namorado ou uma namorada, precisa também ter coragem de enfrentar o risco de ser rejeitada. Esse é o grande dilema da paixão. Às vezes parece mais seguro viver na terra dos sonhos, onde você pode ter certeza de que a pessoa também gosta de você. De vez em quando, a fantasia pode ser melhor do que a realidade.

Se ainda assim vamos nos arriscar a dar algum conselho, teremos que apelar para alguns clichês: *É melhor falhar do que nunca ter tentado!* De verdade. É muito chato descobrir que escreveu, mas nunca mandou, dez cartas de amor para uma pessoa que de fato estava apaixonada por você. Por que você jogou fora meses, talvez anos, da vida sonhando com algo que poderia ter sido realidade?

Às vezes temos sorte. Às vezes conquistamos a pessoa que desejamos sem ter de arriscar nada, porque ela dá o primeiro passo. Mas se você for viver assim, uma quantidade enorme de peixes vai desaparecer no mar. Quem sabe até sejam os melhores peixes que você deixa escapar.

Além do mais, nem sempre nos apaixonamos por pessoas totalmente aleatórias. Muitas vezes nos apaixonamos por pessoas com as quais já temos uma boa química, porque elas nos lembram de nós mesmas. Se você se sente bem na companhia de uma pessoa, ela se sente bem na sua. Nós, humanos, somos assim. Mesmo que você não tenha consciência disso, é bem possível que esteja apaixonada por determinada pessoa porque ela já está apaixonada por você.

Por fim, vale lembrar que quase todo mundo já se apaixonou. Todo mundo sabe como é e já se sentiu tão vulnerável quanto você se sente agora. Se você se declarar para aquela pessoa especial por quem está apaixonada, ela pode revelar que também gosta de você ou te rejeitar, mas provavelmente de uma maneira gentil, justamente porque sabe quanta coragem foi preciso ter para fazer isso. Além do mais, todo mundo acha bom ser amado, mesmo sem corresponder o sentimento. Afinal, é um elogio.

Como pedir alguém em namoro?

1. **Fale com um amigo**
   Assim você pratica falar com alguém sobre sua paixão amorosa.

2. **Faça uma lista de prós e contras**
   Escreva primeiro a pior coisa que pode acontecer se você disser que gosta daquela pessoa. Depois faça uma lista do melhor que pode acontecer.

3. **Cinco perguntas**
   Pense em cinco perguntas que você quer fazer àquela pessoa especial. Não devem ser perguntas de "sim" e "não", mas algo que faça pensar: "O que te dá mais medo?", "Fale uma coisa sem a qual você não consegue viver", "Que livro você levaria para uma ilha deserta?".

4. **Faça algo assustador!**
   Pergunte se a pessoa topa fazer algum programa e sugira assistir a um filme de terror com ela. Então vocês podem ficar de mãos dadas ou se encostar se ficarem com medo.

5. **Vá direto ao assunto!**
   Se você for bem corajosa, vá direto ao assunto e pergunte se a pessoa quer namorar com você. Se achar isso muito constrangedor, pode também perguntar por mensagem.

SOFRER POR AMOR

Todas vamos passar pela experiência de um amor não correspondido. Por exemplo, você teve coragem de se declarar mas acabou levando um "não", ou seu namorado ou namorada terminou com você. Então você sofre por amor.

De fato, a dor de um coração partido pode ser comparada à perda de um ente querido. Parece que o mundo nunca vai voltar a ser o mesmo e que você nunca mais vai sentir alegria de verdade.

Entendemos que é difícil, dói saber que aquela pessoa de quem você mais gosta no mundo não quer ficar com você. Muitas pessoas se tornam extremamente autocríticas quando sofrem por amor. Lembre-se de que isso não significa que você precisa melhorar ou mudar de alguma forma. Você é perfeita exatamente do jeito que é.

A coisa mais importante que você pode fazer se sofrer por amor é ser gentil consigo mesma e se permitir viver o luto. Chore à vontade! Escreva um diário sobre as lembranças boas e as ruins. Converse com alguém em quem pode confiar.

Estar apaixonada é como estar viciada em uma pessoa. Agora chegou a hora do desmame. E se faz isso mantendo distância. Tente se manter bastante ativa para não ter tempo de passar horas imaginando coisas e se sentindo triste. Fique longe dos lugares que a pessoa frequenta e se force a não stalkeá-la. Talvez seja uma boa deletar a pessoa de suas redes sociais por um período. Ar fresco e exercícios físicos cansam o corpo e acalmam a mente, ajudando você a dormir melhor, sem ficar remoendo as coisas ou chorando na cama.

Retire do seu quarto e do seu celular as coisas que te façam lembrar daquela pessoa. Lentamente, a paixão e a tristeza vão passar.

Vão, sim, por mais difícil que seja acreditar nisso na hora. O mundo volta a ser o mesmo, logo você sorri e solta gargalhadas, e um dia vai se apaixonar por uma pessoa nova. Que vai se apaixonar por você.

Coração partido

Às vezes o sofrimento por amor ou grandes choques emocionais literalmente afetam o nosso coração.
É possível de fato morrer de dor no coração, embora seja muito raro. Existe uma doença cardíaca que se chama síndrome do coração partido. A maioria das pessoas que sofrem dessa doença é composta por mulheres acima dos cinquenta anos. Muitas vezes, elas passaram por coisas difíceis na vida, como um divórcio ou a perda de um ente querido.

O que acontece é que uma parte do coração de repente se dilata. As grossas paredes musculares se tornam flácidas e incapazes de bombear o sangue pelo corpo adequadamente. Então a pessoa acaba tendo uma insuficiência cardíaca. Felizmente, o coração costuma voltar ao tamanho normal depois de um tempo.
A maioria se recupera completamente depois de alguns dias ou meses. Mas é um importante lembrete sobre a força das emoções. Emoções não são brincadeira.

ORIENTAÇÃO SEXUAL

Orientação sexual é um conceito complexo que diz respeito às pessoas por quem nos apaixonamos e sentimos atração.

Se uma menina só se apaixona por meninos, ela é heterossexual. *Hétero* é uma palavra grega que significa "diferente", ou seja, pessoas heterossexuais são atraídas por aqueles que são diferentes delas mesmas. As que se atraem por pessoas do mesmo gênero são homossexuais. *Homo* significa "semelhante" ou "igual". Temos uma palavra própria para meninas que se apaixonam por outras meninas: *lésbicas*. A palavra vem da ilha de Lesbos, na Grécia. Seiscentos anos antes de Cristo, uma poetisa chamada Safo morava em Lesbos, e até hoje é famosa pelos poemas que escrevia para outras mulheres. Se uma menina se apaixona tanto por meninas quanto por meninos, ela é bissexual.

Bi significa "dois" ou "ambos". Algumas pessoas não se preocupam nem um pouco com o gênero quando se apaixonam, mas se apaixonam por indivíduos. São as pansexuais. Em grego, *pan* significa "tudo" ou "todos".

Na verdade, orientação sexual parece algo bastante simples. Nós nos apaixonamos por pessoas diferentes. Ninguém pode decidir por quem nos apaixonamos, e, de qualquer forma, é um assunto bem pessoal.

Lamentamos dizer que há um número surpreendentemente grande de pessoas que têm opiniões sobre as orientações sexuais dos outros. Ainda hoje, os que se apaixonam por pessoas do mesmo gênero enfrentam oposição, bullying, violência e exclusão. Na Noruega, a homossexualidade era proibida por lei até 1972, e ainda é assim em muitas partes do mundo. Uma pessoa realmente pode ser presa por amar! No passado, a maioria das grandes religiões também foi contra a homossexualidade.

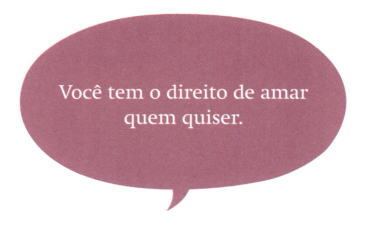

COMO POSSO SABER QUAL É MINHA ORIENTAÇÃO SEXUAL?

Algumas pessoas sabem que são lésbicas, gays ou bissexuais desde muito jovens. Outras só descobrem isso depois de adultas. Algumas tentam namorar pessoas do gênero oposto primeiro, antes de encontrarem o amor com alguém do mesmo gênero.

É completamente comum se sentir atraída por pessoas do mesmo gênero que você, tanto na adolescência quanto na idade adulta. Isso não necessariamente significa que você é lésbica ou bissexual, mas pode ser que sim. Muitas pessoas heterossexuais são atraídas por ambos os gêneros e têm relações sexuais com várias pessoas. A diferença é que lésbicas, bissexuais ou gays, além de se sentirem atraídos, também se apaixonam por pessoas do mesmo gênero.

Pode ser um pouco difícil saber a distinção, especialmente na adolescência. Nesse caso, é bom lembrar que ninguém espera que você tenha uma resposta definitiva agora. Muitas pessoas só descobrem sua orientação sexual na meia-idade. Outras optam por não se definir como uma coisa ou outra, e estão contentes com isso. O mais importante é que você se sinta bem e saiba que o amor e a paixão são um presente, não importando por quem você se apaixone.

CONTROLE SOCIAL

É possível que você venha de uma família e uma cultura que te permitam se apaixonar por quem quiser, namorar quem quiser, explorar seus sentimentos e decidir sobre o próprio corpo. Mas isso não é garantido. Também é possível que você venha de uma família ou uma comunidade que colocam limites tão rígidos que não te deixam decidir sobre sua vida.

Muitas pessoas jovens estão sujeitas ao controle social. Isso significa que seus direitos básicos de decidir sobre a própria vida estão sendo violados. O controle social implica, por exemplo, que sua família decida de quem você pode ser amiga, por quem pode se apaixonar e se pode namorar. Você também pode ser proibida de beijar ou ter relações sexuais.

Algumas meninas sofrem ameaças e até violência psicológica ou física por conta do controle social. Existem também casos de crimes de honra, ou seja, meninas que são mortas por quebrar as regras da família e assim ferir a própria "honra".

Independentemente de sua família ou cultura, os direitos humanos e as leis do país se aplicam a você também. Você tem direito de decidir sobre seu corpo e suas emoções. Todo mundo tem direito de se apaixonar por quem quiser e viver seu amor.

Se você for vítima de controle social e precisar de ajuda, é importante falar com um adulto de confiança. No final do livro incluímos uma lista de diversas entidades que podem te ajudar com pequenos e grandes problemas.

BEIJOS E AMASSOS

Beijar é encostar seus lábios em alguma coisa. SMACK. É comum que amigos e família se beijem para demonstrar afeto. Você já deve ter sido beijada muitas vezes na bochecha ou na testa por alguém que te ama, certo? Por isso, poderia imaginar que dar o primeiro beijo no seu ou na sua crush não seria nenhum problema. Afinal, você já fez isso antes.

O problema é que agora vai ser na boca. Então o beijo de repente ganha um significado totalmente novo. Todos sabem que se alguém tentar te beijar na boca, é porque gosta de você. Um beijo na boca é muito mais do que lábios se encontrando: o beijo revela o que você sente. Isso te deixa vulnerável.

Você pode se apaixonar com um beijo

Quando beijamos, o cérebro produz uma substância de amor. Trata-se de um hormônio chamado ocitocina, que reforça e muda as emoções. Uma mulher que dá à luz e amamenta seu filho produz muita ocitocina, e isso a deixa cheia de amor e carinho pelo bebê. Quando você beija alguém, a substância do amor te leva a criar uma ligação com a pessoa que está beijando, e quem sabe você até se apaixone.

O PRIMEIRO BEIJO

Mesmo que você já tenha beijado mil vezes antes, a ideia de beijar pela primeira vez alguém por quem está apaixonada pode te tirar o sono. Pois como você realmente pode saber que vai correr tudo bem? Como vai escolher o momento certo? Imagine se você estiver iludida e a pessoa na verdade não estiver a fim?

Uma dica é escolher um momento em que estejam a sós ou quando não tiver muita gente por perto. Algumas pessoas acham que é mais fácil no escuro, tipo numa sala de cinema, numa noite de inverno ou numa pista de dança. A escuridão pode dar uma sensação de segurança, escondendo as bochechas vermelhas e as mãos trêmulas. Também é mais fácil se vocês estiverem fisicamente próximos, por exemplo, sentados um ao lado do outro num sofá ou dançando juntos. Em seguida você deve sentir o clima rolando. Se incline mais um pouco na direção da outra pessoa e veja como ela reage. Há troca de olhares? Ela ou ele abriu um sorriso?

A prática faz a perfeição!

Para ter certeza absoluta, pergunte "Posso te beijar?" ou diga "Estou com vontade de te beijar". Na verdade, não é uma ideia tão ruim quanto parece, e se a pessoa de que você gosta não estiver a fim de beijar, você facilitou a situação para os dois, dando-lhe a oportunidade de dizer não. Além do mais, assim você não corre o risco de que a pessoa vire o rosto na hora do beijo.

BEIJO DE LÍNGUA

Na primeira vez, muitas pessoas ficam preocupadas com a técnica. Você precisa dar um beijo de língua ou pode apenas beijar na boca? O beijo de língua não é só encostar os lábios nos da outra pessoa. Para dar um beijo de língua, você abre seus lábios e beija a outra pessoa de boca aberta. Depois, as línguas começam a se cumprimentar. Seus lábios e línguas se movem juntos dentro da boca um do outro, como numa pequena dança.

DICAS PARA BEIJAR

1. **Limites**

    Você está em dúvida se a outra pessoa quer te beijar? Pergunte primeiro. Se você se enganar e beijar alguém que não estava a fim, peça desculpas. O beijo é uma experiência íntima e pessoal, e você deve respeitar os limites da outra pessoa.

2. **Beije como um pato, não um leão**

    Um erro comum é exagerar na dose e abrir a boca toda de uma vez, um pouco como dois leões que tentam se abocanhar. Se você começar o beijo de boca aberta, os dentes se chocam. Um choque de dentes não é nenhum desastre, mas pode ser um pouco constrangedor. Recomendamos iniciar o beijo como um pato, de boca fechada. Faça uma "cara de pato"! Dessa forma você garante que os dentes estejam cobertos pelos lábios na fase inicial e crítica do beijo. Então, quando os lábios estiverem devidamente encaixados, aí, sim, você pode abrir a boca e usar a língua.

3. **Cuidado com a língua**

   Sinta-se à vontade para usar a língua quando beija, mas não exagere. Pode ser assustador e desconfortável ter a língua de outra pessoa enfiada na sua garganta. Lembre-se também de que você é um ser humano, não uma máquina de lavar roupa. Quase todo mundo acha movimentos intensos de hélice com a língua meio desnecessários.

4. **Siga os sinais**

   Embora não seja possível conversar enquanto estamos beijando, as bocas conversam entre si de qualquer forma. Emitimos sinais para a outra pessoa. Se a pessoa que você está beijando é cuidadosa e usa pouco a língua, é bom você também ir com calma. Muitas vezes é possível perceber se a outra pessoa está gostando do que você faz. Por exemplo, ela pode responder beijando com mais vontade.

CÓCEGAS NA XOXOTA

Desde que somos bem pequenas, podemos sentir excitação, que é uma reação natural do nosso corpo. Para algumas meninas, parecem cócegas na xoxota. Outras descrevem a excitação como uma sensação titilante, pulsante e quente que se irradia pelo corpo inteiro, causando arrepios. O coração palpita e você pode ter problemas em se concentrar no que acontece fora do corpo. É uma sensação boa e especial.

A excitação é uma reação física que pode ocorrer a qualquer momento e por várias razões, como beijos, carinho nas costas ou pensamentos sobre uma pessoa por quem você está apaixonada. Na puberdade, muitas pessoas ficam excitadas toda hora sem motivo aparente. Também se torna mais comum sentir excitação por causa de outras pessoas. Por exemplo, você pode ficar excitada olhando para o corpo dos outros, vendo um casal se beijando num filme ou só cheirando o perfume de alguém de quem gosta.

O QUE ACONTECE NO CORPO QUANDO FICAMOS EXCITADAS?

Quando ficamos excitadas, o sangue flui para as partes íntimas. É por isso que sentimos cócegas e um latejar lá embaixo. Talvez você lembre que mencionamos a ereção no capítulo sobre clitóris. Quando estamos excitadas, o clitóris fica ereto e incha até o dobro do tamanho normal. O aumento da pressão na região genital faz com que a excitação possa parecer uma vontade de fazer xixi.

Além disso, você às vezes pode sentir que as partes íntimas ficam molhadas. Isso é algo muito diferente da secreção genital normal. A umidade que surge quando você está excitada é produzida por fluidos que se infiltram pela parede da vagina e a lubrificam. Também temos duas glândulas próximas à abertura vaginal que produzem um fluido transparente e fino. Essa umidade tem como objetivo preparar o corpo para a possibilidade de ter relações sexuais quando você ficar mais velha.

EXCITAÇÃO NÃO SIGNIFICA QUE VOCÊ QUER TER RELAÇÕES SEXUAIS

A sensação de excitação vem da nossa região genital, mas surge muito antes de você estar com vontade de ter relações sexuais. Por exemplo, é bem comum que crianças em idade pré-escolar toquem suas partes íntimas porque lhes dá uma sensação agradável, e até bebês têm ereções. Não se trata de sexo. Mesmo que o corpo esteja excitado, não é preciso fazer nada. A excitação passa sozinha.

DESEJO E FANTASIAS SEXUAIS

É só quando ficamos um pouco mais velhas que associamos a excitação do corpo a paixão amorosa, beijos de língua, intimidade e, por fim, relações sexuais. Mas muito antes de você ter idade suficiente para ter relações sexuais, é natural ficar excitada por imagens mentais do corpo de outras pessoas, fantasias, sonhos, livros ou filmes.

CONHEÇA SEU CORPO

Ao tocar suas partes íntimas, você pode provocar sensações boas e especiais no corpo. Chamamos isso de masturbação. Algumas pessoas descobrem a masturbação por conta própria e a praticam desde pequenas. Outras precisam aprender com alguém ou ler sobre o assunto antes de tentar.

Masturbar-se é natural, tanto para meninas quanto para meninos, e faz bem para nossa saúde. Durante a masturbação nós nos desligamos de todo o resto na vida, dando ao corpo e à mente uma pequena pausa para relaxar completamente e só olhar para dentro de nós mesmas. É quase como meditar!

Ainda por cima, o cérebro reage produzindo substâncias de felicidade, as endorfinas, e a substância do amor, a ocitocina — a mesma que é liberada no beijo. O resultado é que nos sentimos mais alegres, mais relaxadas, e dormimos melhor. Além do mais, a masturbação ajuda muitas pessoas a ter uma relação mais positiva com o próprio corpo.

A masturbação faz bem ao corpo e à mente!

É possível se dar a experiência mais deliciosa do mundo absolutamente sozinha! Nossa capacidade de fazer coisas tão maravilhosas é um lembrete de algo de que muitas pessoas precisam na puberdade: uma afirmação de que seu corpo é valioso por tudo o que te proporciona, e não por sua aparência.

COMO SE MASTURBAR?

Ao se masturbar, você toca seus órgãos genitais. Toda a região genital é sensível, mas algumas partes são mais que outras. Tente fazer cócegas no seu antebraço. Depois mude e faça cócegas na palma da mão. A diferença é grande, não é? A palma da mão é muito mais sensível do que o antebraço, porque nossos nervos estão mais concentrados ali. O ponto mais sensível do corpo inteiro é a cabeça do clitóris. Ali a concentração de nervos é maior do que em qualquer outra parte!

Pessoas com vagina se masturbam de formas diferentes, mas a grande maioria usa o clitóris. Algumas gostam de tocar diretamente nele. Existem várias maneiras de fazer isso: esfregar de cima para baixo ou mover os dedos em círculos. É bom usar um pouco de umidade nos dedos antes de esfregar o clitóris, caso contrário ele pode ficar dolorido, o que é desconfortável, mas não perigoso, e passa depois de você deixar as partes íntimas quietas por um tempo. Nossa região genital produz uma umidade natural que você pode usar ao se masturbar. Você também pode usar saliva ou algo chamado lubrificante.

Outras acham que manipular o clitóris diretamente é intenso demais, pois ele é tão sensível que para algumas mulheres o toque direto chega a ser desagradável. Nesse caso, você pode se masturbar esfregando ou apertando algo na região genital inteira, por exemplo, um travesseiro ou um edredom. Muitas também acham gostoso usar o jato do chuveirinho.

Há mulheres que gostam de tocar outras partes íntimas além do clitóris. Os lábios genitais, a abertura da vagina e o ânus são outras partes sensíveis do corpo. Algumas gostam também de inserir coisas na vagina enquanto se masturbam. Tome cuidado para só usar na vagina objetos limpos, que não tenham pontas afiadas ou que não quebrem. É importante que você não se machuque! Lembre-se também de que tudo que entrar na vagina terá de sair.

O QUE É UM ORGASMO?

Quando uma pessoa se masturba ou tem relações sexuais com alguém, ela pode ter o que chamamos de *orgasmo*. O orgasmo é o auge do prazer humano. É simplesmente a coisa mais deliciosa que você pode sentir. Esse é outro motivo para que se masturbar faça tão bem.

O orgasmo é uma reação especial que acontece no corpo depois de você sentir prazer. Para atingir o orgasmo, é preciso tocar o clitóris por um bom tempo. Algumas mulheres também conseguem ter orgasmo inserindo algo na vagina, mas isso é menos comum. Para a grande maioria das meninas, o clitóris é a chave do orgasmo.

Depois de os meninos atingirem a puberdade, eles ejaculam quando têm orgasmo. Isso significa que o sêmen sai do pênis. E como sabemos, o sêmen contém espermatozoides, o que permite aos homens ter filhos. Em algumas meninas e mulheres, um líquido também pode sair durante o orgasmo, quase como se estivessem fazendo xixi. O orgasmo é uma sensação maravilhosa, e o orgasmo feminino não está ligado à reprodução.

NADA DE VERGONHA!

Quando nós estávamos na puberdade, era incomum falar sobre a masturbação feminina. Nas aulas de biologia que abordavam a puberdade, aprendemos um pouco sobre a masturbação masculina e ouvimos os meninos se gabarem disso entre si. Eles chamavam de "punheta". Mas nenhum adulto mencionou que masturbação também é coisa de menina.

Isso provavelmente deixou muitas meninas com vergonha de se masturbar.

Torcemos para que você e suas amigas tenham aulas melhores sobre masturbação do que nós. E torcemos para que se apoiem e se incentivem a gostar de seus corpos. Talvez você simplesmente não queira se masturbar agora ou amanhã, mas queremos que a escolha seja sua.

Espirros e orgasmo

Espirrar é a experiência que mais se aproxima do orgasmo. Antes de termos um orgasmo, uma tensão se acumula no corpo inteiro e fica cada vez mais forte. Você sente que está chegando perto de algo, mas não sabe exatamente o que está esperando ou quando vai vir. O coração bate mais rápido e mais forte, e a respiração muda.

Então, de repente, a tensão atinge o pico. O corpo se solta feito um arco que se estica na hora do arremesso. O orgasmo está acontecendo. É como uma explosão, um espirro forte. Nesse ponto, você perde parcialmente o controle sobre o corpo e a mente. Parece que uma onda quente de cócegas e arrepios se irradia da região genital até a ponta dos dedos das mãos e dos pés. Os dedos dos pés podem se encolher de felicidade. Nesse momento, a maioria das mulheres sente que a região genital se contrai em movimentos ritmados. Isso dura de alguns segundos a meio minuto. A média é de dezessete segundos. Então o orgasmo acaba. E pode fazer você se sentir feliz e relaxada depois.

A ESCADA DA INTIMIDADE

Se você está realmente apaixonada por alguém, é normal querer estar perto da pessoa: ficar de mãos dadas, abraçar e beijar. À medida que você se sente segura com a pessoa, pode surgir a vontade de ir mais longe. É a famosa pegação, ou experimentação. Quando você fica mais velha, pode chegar a ter relações sexuais. Vamos voltar a esse assunto mais para a frente.

É interessante pensar na intimidade como uma escada. Comece ficando de mãos dadas no primeiro degrau antes de subir para os abraços e dar mais um passo para os beijos. Tente subir sem pressa. O próximo degrau são os amassos, primeiro por fora da roupa e depois por dentro. Tenha certeza de que você está confortável e com os pés firmes antes de continuar a subida. A seguir, vêm as diversas formas de relações sexuais. Se você achar que subiu alto demais e sentir que o medo está tomando conta de você, é só voltar e descer um ou dois degraus.

Muitas de nós já fizemos coisas pensando que estávamos preparadas e depois nos arrependemos. Não é o fim do mundo. Só porque você aceitou algo uma vez não significa que tenha que aceitar de novo. Você sempre pode mudar de ideia depois de avaliar melhor onde estão seus limites, e ninguém tem o direito de exigir nada de você.

Portanto, quando for ter intimidade com alguém, o mais importante é fazer isso com uma pessoa de quem você goste e com quem se sinta segura. Não precisa ser namorado ou namorada. Por exemplo, muitas meninas praticam beijos com as amigas.

CABEÇA PRONTA, CORPO PRONTO

É bem comum que demore muitos anos desde o primeiro beijo até você se sentir pronta para fazer coisas mais sexuais. Para algumas pessoas passa mais rápido. Não importa de que tipo de intimidade estamos falando, a questão é sempre estar pronta ou não.

O que significa estar pronta? Duas coisas: primeiro, você tem que sentir vontade. A vontade está na cabeça. Segundo, o corpo precisa estar pronto. Se o corpo estiver pronto, você se sente excitada, como mencionamos lá atrás.

Pode levar muitos anos para que a cabeça e o corpo comecem a se sintonizar. É completamente comum ficar excitada sem se sentir pronta para deixar alguém se aproximar de seu corpo. Também é possível sentir vontade de ficar mais íntima com seu namorado ou sua namorada sem estar excitada. As duas coisas são sinais de que pode ser uma boa ideia esperar. Pergunte a si mesma: estou pronta para isso? Você é a única que sabe a resposta.

FAZER SEXO

Bem no topo da "escada de intimidade", encontramos a relação sexual. Fazer sexo é algo que a maioria dos adultos acha o máximo. Em sua melhor versão, é uma expressão de amor, e pode ser uma

delícia. Assim como outras formas de intimidade, fazer sexo é saudável para nós e nos faz bem, tanto mental quanto fisicamente.

Quem sabe você já tenha ouvido falar bastante sobre sexo. Talvez tenha visto como os adultos ficam estranhos e envergonhados se a família toda estiver reunida para assistir a um filme e os personagens principais de repente começam a se agarrar e se beijar na cama. Talvez você tenha ouvido alguém gritar "chupa aqui" no pátio da escola e ficou curiosa para saber o que significa. Ou tenha ouvido e lido sobre adultos que falaram em "fazer amor", "transar" ou "dormir juntos".

Não é de estranhar que você sinta curiosidade; por outro lado, esperamos que ainda demore muito para você fazer sexo.

Talvez você estranhe estarmos escrevendo sobre sexo e ao mesmo tempo dizendo para você esperar um pouco. No entanto, temos bons motivos para escrever este capítulo.

Se você tiver conhecimento sobre sexo, será mais fácil definir seus próprios limites. O conhecimento te deixa mais segura em relação ao seu corpo. Você também pode se proteger melhor contra a gravidez e doenças no futuro. Além do mais, os adolescentes dizem que desenvolvem uma atitude mais positiva e despreocupada em relação ao próprio corpo à medida que adquirem mais conhecimento. É o que desejamos para você!

UM POUCO CONFUSA?

Muitos dizem que sexo é algo que duas pessoas apaixonadas fazem juntas. De certa forma, é verdade, mas também é possível fazer sexo com alguém por quem você não está apaixonada, como um amigo ou uma amiga, ou mesmo com alguém que você acabou de conhecer. Desde que os dois estejam de acordo, fazer sexo pode ser uma boa experiência a compartilhar.

Também podemos dizer que sexo é nossa forma de reprodução. Isso é igualmente verdade, mas sexo vai muito além disso. A procriação através do sexo só é possível se uma mulher e um homem transarem de uma maneira específica conhecida como penetração ou sexo vaginal. Mas é muito comum fazer sexo de diversas outras maneiras, e muitas pessoas só transam com pessoas do mesmo sexo biológico, o que não gera filhos.

O que é fazer sexo

Para ser chamado de sexo, o ato deve atender a três importantes critérios:

1. É preciso haver pelo menos duas pessoas. Masturbação é tocar o próprio corpo sem ninguém por perto; não é sexo.
2. Você precisa estar em contato íntimo com a genitália nua de outra pessoa. Se isso não acontecer, não chamamos de sexo. Dar uns amassos, acariciar ou se deitar com roupa perto de outra pessoa, beijar o corpo um do outro, nada disso é sexo.
3. O terceiro critério é que o sexo precisa ser consensual. Se uma pessoa não quer, não é sexo; passa a ser abuso sexual.

Em resumo, fazer sexo é quando duas pessoas estimulam |as genitálias nuas uma da outra para terem prazer juntas.

DIFERENTES FORMAS DE SEXO

Tocar os órgãos genitais um do outro com as mãos é uma estimulação genital ou masturbação mútua. Envolve tocar o clitóris ou inserir um ou dois dedos na vagina. Para estimular o pênis, você geralmente o segura na região da cabeça e movimenta a mão para cima e para baixo.

Quando as pessoas fazem sexo com a boca chamamos de sexo oral. Pode-se usar a língua ou os lábios para lamber a vulva ou colocar o pênis na boca e chupá-lo.

Sexo com penetração significa inserir o pênis na vagina. Muitas vezes isso é chamado de "transar", "trepar" ou "comer". Conforme o casal se mexe, o pênis entra e sai da vagina. A relação sexual termina quando uma ou ambas as partes chegam ao orgasmo, ou quando acaba o tesão. Se o homem tiver orgasmo, sai sêmen do pênis. Depois disso, o pênis amolece, e então não é mais possível continuar a relação com penetração. É esse tipo de sexo que pode deixar a mulher grávida.

Quando envolve o ânus, é conhecido como sexo anal. É possível tocar o ânus com os dedos ou penetrá-lo com o pênis. Isso não é sexo para iniciantes.

Uma vantagem do sexo sem penetração vaginal é que não pode causar gravidez. No entanto, é possível contrair doenças sexualmente transmissíveis através de qualquer tipo de sexo.

POR QUE ESPERAR É UMA BOA IDEIA

A maioria dos jovens noruegueses espera até completar dezesseis anos para ter relações sexuais. Uma pesquisa feita entre adolescentes noruegueses em 2018 mostrou que os jovens tinham, em média, dezessete anos quando tiveram relações sexuais pela primeira vez. Somente três por cento declararam ter transado antes dos catorze. Quase metade dos adolescentes esperou até depois dos dezoito. Esses números são um bom guia se você se sentir pressionada a fazer algo que não quer.

Infelizmente, muitas meninas jovens se sentem pressionadas por um namorado mais velho a ir mais longe do que estão preparadas.

Mas existe, por lei, um limite para o sexo na Noruega: é proibido transar com menores de dezesseis anos. É considerado crime, mesmo que a adolescente tenha dado consentimento, e mesmo que os dois sejam namorados. A lei é ainda mais rigorosa para quem fizer sexo com menores de catorze anos de idade. Essa lei não existe para "pegar" os jovens que queiram fazer sexo antes de completar dezesseis anos, mas, sim, para proteger todos contra abuso.

> Você sabia que a idade de consentimento é dezesseis anos na Noruega e catorze no Brasil?

Para seu próprio bem, é bom esperar. O sexo nos torna vulneráveis porque deixamos alguém entrar na nossa esfera mais íntima. Além do mais, pode ter algumas consequências, como gravidez e doenças sexualmente transmissíveis, que a pessoa precisa ter idade suficiente para enfrentar. Como comentamos no capítulo sobre o cérebro, é fácil se deixar guiar por emoções e fazer coisas que não sejam bem pensadas. Os adultos também fazem coisas impensadas o tempo todo, mas têm a possibilidade de resolvê-las por conta própria e são capazes de lidar com as consequências. Ninguém espera isso de crianças e adolescentes.

Quem tiver relações sexuais pode engravidar e contrair doenças sexualmente transmissíveis que exigem tratamento médico. Para se proteger contra doenças e gravidez, é preciso ser capaz de obter contraceptivos seguros e eficazes. Quem não estiver preparada para se responsabilizar por isso também não está pronta para fazer sexo.

CONSENTIMENTO

Pode soar estranho, mas em algumas situações é impossível dizer não. Isso ocorre quando ficamos com medo e perdemos o controle sobre o corpo; em outras palavras, nós "congelamos". Por isso é melhor perguntar para ter certeza do que deixar as coisas subentendidas.

Dar seu consentimento é dizer "sim" para alguma coisa. Por exemplo, você pode consentir que compartilhem fotos suas, consentir um beijo ou sexo. O consentimento não dura para sempre. Mesmo que você tenha topado alguma coisa, por exemplo, transar, tem o direito de mudar de opinião, a qualquer momento, inclusive no meio do ato. Se você não quer mais, a outra pessoa precisa parar.

O consentimento se aplica exclusivamente à coisa que você aceitou. Enviar uma foto sua seminua para alguém de quem você gosta não é a mesma coisa que autorizar a escola inteira a ver a foto. Dizer "sim" para um beijo não é a mesma coisa que aceitar ter os peitos apalpados. Uma coisa nunca significa outra.

Sem o pedido de consentimento, é fácil haver mal-entendidos, já que temos maneiras diferentes de reagir. Por exemplo, algumas pessoas brincam ou dão risada em situações desconfortáveis, quando na verdade estão com medo e querem fugir. Infelizmente, muitas vezes as pessoas ouvem um "não" mas acham que o outro está fazendo charme e encaram como se fosse um "sim". Isso não é nada bom. É importante saber que não é não.

É em tais situações que muitos adolescentes se tornam vítimas de abuso sexual, e muitas pessoas que tendem a não respeitar um "não" se tornam agressores, frequentemente sem nem se darem conta.

Não custa fazer uma pergunta ou outra a mais para se certificar de que a pessoa está mesmo a fim. Está tudo bem? Posso continuar? Você quer fazer isso? Assim não há mal-entendidos.

Contraceptivos

Os contraceptivos podem ser usados para reduzir o risco de engravidar ou contrair doenças sexualmente transmissíveis.

A **camisinha** é um pequeno invólucro que se coloca no pênis para coletar o sêmen que sai. A camisinha impede a gravidez e protege contra o contágio por doenças.

Os **contraceptivos hormonais** são usados por mulheres e afetam o ciclo menstrual, impedindo-as de engravidar. Existem diversos tipos, por exemplo, a pílula, o implante contraceptivo e o DIU. Os contraceptivos hormonais precisam ser prescritos por um médico. Previnem apenas gravidez, não doenças.

PORNOGRAFIA VERSUS SEXO REAL

Pornografia são imagens ou filmes de pessoas nuas fazendo sexo ou se masturbando. A pornografia é feita para nos deixar excitadas, e muitas pessoas gostam de assistir a filmes pornográficos, por exemplo, quando vão se masturbar. Na Noruega sabemos que crianças e jovens consomem pornografia desde bem cedo, e é assim que muitas pessoas aprendem a maior parte do que sabem sobre sexo.

O problema com a pornografia é que não é sexo de verdade. É encenação. De fato, muito pouco num filme comum de pornografia lembra o sexo que pessoas adultas fazem.

Em primeiro lugar, nos filmes pornôs, os homens costumam ter o pênis muito comprido. Além disso, tomam medicamentos para que o membro fique duro instantaneamente. Muitas pessoas com pênis descobrem que não conseguem ter ereção na hora do sexo porque estão nervosas e com medo de não corresponder às expectativas. Todo mundo precisa se sentir seguro e à vontade para ficar excitado. Além do mais, os filmes pornográficos usam sêmen artificial, feito, por exemplo, de açúcar de confeiteiro, criando a ilusão de que uma grande quantidade de sêmen sai do pênis, quando na realidade só sai uma colherzinha de chá.

Muitas vezes os atores pornôs fazem sexo em diversas posições avançadas, de ponta-cabeça, com as pernas para o ar, de espacate. As pessoas normais não costumam fazer isso. Nos filmes pornográficos, o sexo dura muito tempo, enquanto uma relação sexual na vida real raras vezes passa de uns dois ou três minutos. Ninguém consegue fazer tanta ginástica em dois minutos! Em geral, todas essas posições estranhas são cansativas e desconfortáveis, e são usadas principalmente porque ficam bem na frente da câmera, não porque são prazerosas.

Outra diferença importante é que as mulheres nos filmes pornôs atingem o orgasmo com a maior facilidade e várias vezes seguidas. Além disso, elas gemem muito. Na realidade, apenas uma em cada quatro mulheres atinge o orgasmo através da penetração vaginal.

No entanto, as coisas mais importantes que eles esquecem na pornografia são o amor e a intimidade. Sexo é muito mais do que posições e orgasmos. Sexo é carinho, carícias, cócegas, beijos e abraços. É atrapalhação, falta de jeito e insegurança. É calor e paixão. É claro que também pode ser como na pornografia, mas é raro. Sexo é uma questão de estar muito perto de alguém que você realmente ama, ir com calma e descobrir o que vocês gostam de fazer juntos.

Filmes pornôs são como outro filme qualquer: cheios de efeitos especiais.

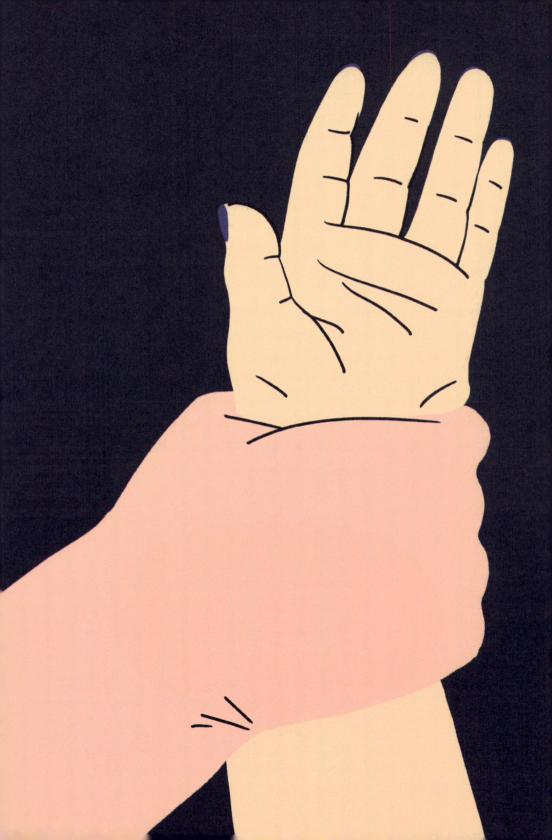

ABUSO SEXUAL

Este livro é sobre nosso incrível corpo. Queremos que você se sinta confiante e orgulhosa. Já falamos sobre a intimidade boa e calorosa que pode ter consigo mesma e com outras pessoas. O que vamos escrever agora não tem nada a ver com isso. É o lado sombrio.

Existem pessoas por aí que não respeitam o direito dos outros de ser donos do próprio corpo. Existem pessoas que, de propósito, violam os limites dos outros e cometem abusos sexuais.

O abuso sexual é comum e afeta crianças e adultos. É preciso falar sobre isso, mesmo que seja um assunto desagradável. Falar abertamente é o único caminho para mostrar que nos importamos. Quando falamos em alto e bom som, fica difícil para os agressores se esconderem, e as vítimas de abuso recebem uma mensagem clara de que não estão sozinhas em suas experiências e sentimentos.

O QUE É ABUSO SEXUAL?

Abuso sexual são atos sexuais cometidos à força. Pode incluir contato sexual involuntário, como apalpar alguém. Também acontece quando uma pessoa força outra a fazer atos sexuais em si mesma, como se masturbar na frente de uma webcam.

O tipo mais grave de abuso sexual é o estupro. O estupro ocorre quando alguém força outra pessoa, mediante ameaças ou violência, a atos sexuais que envolvem inserir objetos, dedos ou órgãos genitais nas aberturas do corpo. Isso se aplica à vagina, ao ânus ou à boca.

Portanto, o estupro pode ser uma relação sexual, mas não necessariamente, pois a estimulação involuntária com os dedos ou com a boca também é estupro.

Além do uso de violência, ameaça ou coação, é considerado estupro se a vítima estiver dormindo ou estiver tão intoxicada que não pode oferecer resistência.

Se uma pessoa maior de idade fizer sexo com alguém menor de catorze anos, é automaticamente considerado estupro. Mesmo se a criança em questão aceitar, não é legal. É proibido fazer atos sexuais com crianças.

QUEM COMETE ABUSO SEXUAL?

O mais comum é que o autor do crime seja alguém que a vítima conhece. Pode ser um amigo, um treinador, um membro da família ou um namorado. Se o abusador for parente da vítima, o abuso se chama incesto.

Muitas vezes, os agressores são pessoas totalmente normais e até simpáticas. Não são monstros, como costumam ser retratados. As vítimas de abuso frequentemente confiam no agressor e gostam dele, o que torna muito difícil denunciar uma experiência horrível. A vítima fica com medo de que ninguém acredite nela e até pode se sentir culpada pelo ocorrido.

O QUE FAZER SE VOCÊ FOR VÍTIMA DE ABUSO SEXUAL?

A primeira coisa a fazer é falar com um adulto. O mais importante não é com quem você fala, mas que você tenha coragem de contar o que aconteceu. No final do livro, há uma lista de entidades que você pode contactar para pedir ajuda.

Recomendamos também a todas as vítimas de abuso sexual que entrem em contato com um *centro de atendimento a vítimas de violência sexual* o mais rápido possível. Quanto mais rápido o contato for feito, melhor, mas nunca é tarde demais para receber ajuda. Nos centros de atendimento a vítimas de violência sexual, há adultos confiáveis com quem conversar. Além disso, a pessoa pode passar por um exame médico se quiser. Dessa forma, os profissionais de saúde podem obter provas caso a pessoa queira

Nunca é sua culpa!

denunciar o fato à polícia. Existem centros de atendimento a vítimas de violência sexual em muitos municípios brasileiros, além de delegacias especializadas em crimes contra crianças e adolescentes. Esses serviços são todos gratuitos.

O ABUSO NUNCA É CULPA DA VÍTIMA

Com frequência, as vítimas de abuso sexual levam muito tempo para falar com outras pessoas sobre o ocorrido, porque sentem vergonha e culpa. Pensam que deveriam ter feito alguma coisa, avisado, gritado, se comportado de outra forma, flertado menos. Não importa o que você tenha feito ou dito, a culpa não é sua. Você é dona do seu próprio corpo e de sua sexualidade. Absolutamente ninguém tem o direito de tomar liberdades sem o seu consentimento. Isso se aplica mesmo a um marido ou namorado.

ABUSO SEXUAL NA INTERNET

Muitas pessoas são vítimas de abuso sexual na internet. Os agressores usam uma técnica chamada *grooming* para enganar as crianças. Fingem ser muito mais jovens do que são na vida real. São atores tão bons que é impossível saber se têm treze ou cinquenta anos. É muito fácil ser iludida.

Lentamente, os agressores constroem um relacionamento com a criança, sendo bonzinhos, dando atenção positiva e fingindo estar apaixonados. Depois de algum tempo, começam a pedir informações pessoais. Mais tarde podem usar isso para pressionar a vítima a fazer coisas contra sua vontade. Convencer crianças a mandar nudes de si mesmas é um crime sexual.

Bom senso nas redes sociais

- Lembre-se de que nunca é possível saber com quem você se comunica on-line.
- Lembre-se de que é fácil mentir na internet. Não acredite em tudo que os outros te escrevem.
- Use perfis fechados no TikTok, Instagram, Facebook e outras redes sociais. Dessa forma, você tem controle sobre quem está te seguindo.
- Não compartilhe números de telefone, endereço ou dados pessoais com desconhecidos.
- Se acontecer algo que você ache desagradável, converse com um adulto. Muitas vezes os adultos entendem melhor do que você pensa.
- Não envie imagens ou vídeos de si mesma, nem ligue a webcam quando conversa com pessoas desconhecidas.
- Fique atenta se alguém te pedir para manter em segredo a comunicação entre vocês.
- Nunca entre num bate-papo pela webcam com alguém que diz "minha webcam está com problema".
- Nunca marque um encontro com um desconhecido. Quer se encontrar com alguém que conheceu na internet? Leve um adulto.
- A polícia pode te ajudar se você for vítima de chantagem ou abuso on-line.

NUDES

Já no final do ensino fundamental, alguns adolescentes começam a mandar fotos íntimas, ou *nudes*, uns aos outros. É uma prática bastante comum, mesmo que a maioria não seja adepta. Entre as meninas de quinze anos, uma em cada cinco chegou a compartilhar nudes com outras pessoas. Nudes são imagens de peitos, bundas ou partes íntimas nuas.

Entre as que mandam nudes, a maioria o faz para pessoas de quem gosta e em quem confia. Talvez tenham orgulho de sua aparência e queiram elogios. Talvez sejam inseguras e busquem afirmação pessoal. Também pode ser emocionante fazer algo que, no fundo, você sabe que não deveria.

Por outro lado, uma em cada três meninas adolescentes se sente pressionada a compartilhar fotos íntimas.

MANTENHA O CONTROLE!

Infelizmente, muitas pessoas descobrem que suas fotos íntimas estão sendo divulgadas na internet.

A maioria das meninas que passam por isso simplesmente mandou uma foto para alguém de quem gosta, por exemplo, para o namorado. Ele talvez tenha ficado tão orgulhoso da foto que quis se gabar e mostrou para todos os amigos. De repente, seus amigos pegaram o celular e repassaram a imagem para todos os seus conhecidos em alguma rede social. E, assim, a escola inteira acabou vendo a foto. As imagens também podem ser compartilhadas depois do fim de um namoro, por vingança do ex-namorado.

Antes de enviar nudes, é bom esperar o pior das pessoas. O que vai acontecer se a foto for compartilhada com outros? Como isso te afetaria?

> Tirar fotos íntimas não é crime, mas repassar nudes de outros para terceiros é.

REPASSAR É CRIME

Não é ilegal compartilhar imagens de si mesma com alguém que queira recebê-las. O crime é repassar as imagens sem autorização. Se a pessoa na foto for menor de idade, ter a imagem no celular ou no computador é considerado pornografia infantil, inclusive se o próprio dono do dispositivo for adolescente, e isso é proibido. Também é crime forçar pessoas a enviar fotos íntimas de si mesmas.

Ainda assim, as meninas que descobrem a divulgação ilegal de suas imagens tendem a sentir vergonha e pensam que os outros vão julgá-las. Por isso, muitas jovens demoram muito a pedir ajuda, tentando resolver as coisas por conta própria. Se você ou alguém que você conhece se encontrar numa situação assim, lembre-se do que falamos sobre consentimento. Mandar uma foto para seu namorado ou namorada não é concordar que a escola inteira veja.

Existe uma saída

É importante avisar um adulto o mais rápido possível. Se você não tiver coragem de falar com seus pais, há vários outros adultos dispostos a ajudar. Entendemos que pode ser constrangedor e humilhante falar sobre essas coisas, mas os adultos geralmente compreendem muito melhor do que você pensa.

A polícia tem o poder de parar a divulgação das imagens e obter provas eletrônicas. O site new.safernet.org.br pode te ajudar a apagar imagens que vazaram na internet. Existe ajuda!

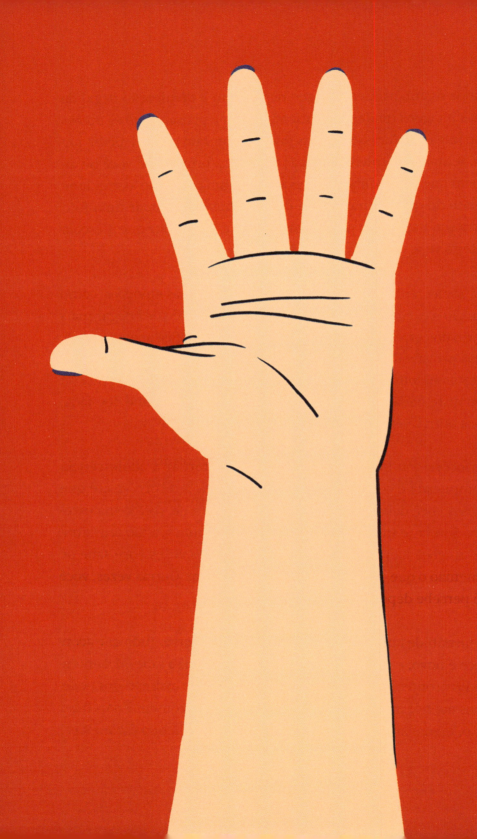

LIMITES

Na adolescência, seus limites são testados. Novas emoções, como paixão e excitação sexual, podem te dar vontade de chegar mais perto do corpo de outras pessoas. Isso não se aplica apenas a você, mas provavelmente também às pessoas à sua volta. Você de repente descobre que elas querem te tocar, beliscar sua bunda ou tentar te beijar. Parte dessa atenção talvez seja legal e desejada, mas outras vezes pode ser desagradável e te assustar.

Emoções conflitantes desse tipo podem tornar a adolescência complicada e confusa. O que você faz com seu corpo e até que ponto você deixa os outros chegarem perto de você é sua escolha. Somente sua. Mas pode ser difícil saber onde estão seus limites se você não refletiu muito sobre isso. Às vezes você sabe de antemão o que está bem e o que não está bem. Outras vezes, você só percebe depois.

A juventude também é a época de tentativa e erro. Tudo que acontece é novo, e ninguém é bom no que ainda não sabe. Mal-entendidos acontecem. Erros são cometidos. Mesmo assim, todos podemos melhorar um pouco o respeito mútuo. Se conseguirmos fazer isso, menos situações ruins e difíceis surgirão. Tem coisa melhor?

COMO SABER OS LIMITES DOS OUTROS?

Nem todo mundo tem os mesmos limites. Algumas pessoas se sentem confortáveis com muito contato físico e gostam de abraçar ou tocar amigos e conhecidos. Outras preferem mais distância e se sentem desconfortáveis com abraços e toques.

E uma pessoa pode ter limites diferentes com pessoas diferentes. Confiamos em algumas pessoas e queremos deixá-las chegar perto de nós. Com outras, sentimos instintivamente que preferimos manter distância.

Nossos limites ainda podem variar de um dia para o outro com a mesma pessoa, dependendo de nosso humor. Às vezes você quer beijar seu namorado, enquanto outras vezes precisa ficar na sua.

Você já sentiu que ultrapassou os limites de outra pessoa? Por exemplo, chegou a beijar ou abraçar alguém que deu a entender que não gostou? Converse sobre o ocorrido, peça desculpas. Errar é humano, mas é importante aprender com nossos erros.

SEU CORPO É SÓ SEU

Seu corpo é uma área privada. Você decide quem tem permissão de chegar perto. Você decide o que os outros podem fazer com seu corpo. Essas são as regras.

Mesmo assim, muitas pessoas acham difícil dizer o que pensam. Algumas sentem que não têm direito a limites, que não os merecem. Outras têm medo de aborrecer alguém ou ser vistas como chatas ou caretas caso se posicionem. Outras ainda se convencem de que não tem problema deixar os outros violarem seus limites de vez em quando.

Nosso desejo para você é que consiga estabelecer seus próprios limites. Seu corpo, suas emoções, seus limites! Pode ser difícil, mas vale a pena. E depois de um tempo fica mais fácil. E se você conhece alguém que não consegue administrar isso, ajude essa pessoa. Assim o mundo fica um pouco melhor.

CARA LEITORA

Torcemos para que este livro torne sua puberdade mais simples. E esperamos que tenha aprendido que nunca precisa se sentir sozinha quando tem dúvidas ou problemas, porque você faz parte de um grande clube. Cada menina é diferente, mas passamos por muitas experiências parecidas e podemos nos apoiar. E agora você pode usar o seu conhecimento para ajudar uma amiga!

A puberdade acaba, mas o fim da puberdade é apenas o início de uma nova jornada. Continuamos a mudar durante toda a vida.

Se você quiser saber mais sobre seu corpo, será bem-vinda para nos acompanhar nessa nova jornada. Nosso primeiro livro, *Viva a vagina*, trata de tudo que as mulheres precisam saber sobre suas partes íntimas e sua sexualidade. O livro está aí para quando você se sentir pronta para ele. Talvez não seja hoje, talvez seja só daqui a vários anos; não importa quando for, ficaremos muito felizes em estar com você novamente.

Por ora, desejamos boa sorte a você no caminho que tem pela frente nessa transição para a vida de jovem mulher.

Beijos,

Ellen e Nina

ONDE CONSEGUIR AJUDA?

Todas as pessoas passam por situações difíceis. Nessas horas é bom ter o apoio de alguém. A seguir fizemos uma lista de diversas entidades que te dão acesso a adultos confiáveis com quem conversar. Esses canais podem te ajudar com uma série de coisas, desde estresse na escola até violência ou abuso. Não importa o que for, existe alguém que quer te ajudar e apoiar. Você não está sozinha. Vários desses serviços de assistência podem te ajudar ou te encaminhar se tiver necessidade de outros tipos de atendimento, como orientação médica, tratamento hospitalar ou terapia com psicólogo. Lembre-se de que todos os profissionais de saúde têm o dever do sigilo profissional.

Central de Atendimento à Mulher
Telefone: 180

Centro de Valorização da Vida (CVV)
www.cvv.org.br
Telefone: 188

Associação Brasileira de Familiares, Amigos e Portadores de Transtornos Afetivos (Abrata)
www.abrata.org.br
Telefone: (11) 3256-4831

Associação Brasileira de Estudos e Prevenção do Suicídio (Abeps)

www.abeps.org.br

Casa 1 — Casa de Cultura e Acolhimento LGBTQIAP+

www.instagram.com/casa1

Fênix — Associação Pró-Saúde Mental

https://casademaria.org.br/index.php/fenixprosaudemental/
Telefone: (11) 3271-9315

Disque Denúncia de Violência contra Crianças e Adolescentes (Disque Direitos Humanos)

https://www.gov.br/pt-br/servicos/denunciar-violacao-de-direitos--humanos
Telefone: 100

Mete a Colher

Este aplicativo é uma rede de apoio que ajuda mulheres a sair de relacionamentos abusivos e enfrentar a violência doméstica. O projeto está ativo desde março de 2016 e proporciona atendimentos jurídicos e psicológicos a mulheres que precisam de ajuda.
www.meteacolher.org

Livre de abuso

Este projeto foi criado para ajudar, orientar e acolher vítimas de vários tipos de abuso e relacionamentos abusivos. Você pode entrar em contato com as organizadoras por meio da página do projeto no Facebook.
www.facebook.com/livredeabuso

Enfermaria da escola

Você tem dúvidas sobre saúde, corpo ou sexo? Você se sente triste ou sozinha? Está doente? Começou a menstruar e precisa de absorventes externos ou internos? A enfermaria da escola pode te ajudar.

OBRIGADA!

Somos extremamente gratas a Magnhild Winsnes: suas ilustrações superaram muito todas as nossas expectativas. Obrigada por ter conseguido visualizar nosso livro e topar fazer parte do time!

Agradecemos às nossas consultoras do sétimo ano: Genesis, Gjertrud, Ida, Jessica e Wiktoria. Vocês foram ótimas leitoras e nos mostraram o que é importante para vocês.

Nossos agradecimentos também às editoras Johanne Askeland Røthing e Lisa Nagel, da Aschehoug, por seu olhar crítico e suas sábias observações.

Obrigada a nossas consultoras especialistas: à psiquiatra infanto-juvenil Mette Hvalstad, por compartilhar sua competência e experiência, e à médica Warsan Ismail, por nos ajudar a ampliar nossa visão e levar em consideração vivências diferentes das nossas. Também somos gratas ao psicólogo Lars Henrik Kaasen Thoresen e à ativista trans Christine Marie Jentoft por seus sábios conselhos e contribuições.

Por fim, queremos agradecer às nossas famílias. Seu apoio e amor tornam tudo possível. Para May: pensar que você um dia lerá este livro tem sido uma inspiração para nós duas.

FONTES

Geral
BRIO, Frank et al. Normal Puberty. Waltham, MA: UpToDate Inc, 2019. Disponível em: <www.uptodate.com>. Atualizado em: jul. 2018. Acesso em: maio 2019.

BROCHMANN, Nina; DAHL, Ellen Støkken. *Viva a vagina*. São Paulo: Paralela, 2017.

NORSK BARNELEGEFORENING. Normal pubertet. *Pediatriveiledere fra Norsk barnelegeforening*. 2017. Disponível em: <www.helsebiblioteket.no/pediatriveiledere>. Acesso em: ago. 2019.

Vou ser alta ou baixa?
NHI. Voksesmerter hos barn. Norsk helseinformatikk. 2018. Disponível em: <https://nhi.no/sykdommer/barn/vekst-og-utvikling/voksesmerter/>. Acesso em: set. 2019.

NORSK BARNELEGEFORENING (2009). Kortvoksthet og vekstretardasjon. *Pediatriveiledere fra Norsk barnelegeforening*. Disponível em: <www.helsebiblioteket.no/pediatriveiledere>. Atualizado em: 2009. Acesso em: maio 2019.

Peitos
BANIKARIM, Chantay et al. (2019). Breast disorders in children and adolescents. Waltham, MA: UpToDate Inc, 2019. Disponível em: <www.uptodate.com>. Atualizado em: abr. 2019. Acesso em: maio 2019.

GOVERNO NORUEGUÊS. Rundskriv I-8/2003: Kosmetisk kirurgi — fortolkning av relevant regelverk. Governo norueguês. 2013. Disponível em: <www.regjeringen.no/no/dokumenter/rundskriv-i-82003/id109270/>. Acesso em: maio 2019.

GUINNESS WORLD RECORDS. Largest natural breasts. Guinness World Records. 2019. Disponível em: <www.guinnessworldrecords.com/world-records/largest-natural-breasts>. Acesso em: maio 2019.

Quadris, bundas e coxas
NORSK HELSEINFORMATIKK. "Strekkmerker, striae". Norsk helseinformatikk. 2017. Disponível em: <https://nhi.no/sykdommer/hud/diverse/strekkmerker-striae/>. Atualizado em: 12 jun. 2017. Acesso em: maio 2019.

Brotando a olhos vistos
BARRINGER, Taylor. History of hair removal — products and methods for hair removal from the ages. ELLE. 2013. Disponível em: <www.elle.com/beauty/makeup-skin-care/tips/g8155/history-of-hair-removal/>. Atualizado em: 28 mar. 2013. Acesso em: maio 2019.

HERZIG, Rebecca M. *Plucked — A History of Hair Removal*. Nova York: New York University Press, 2015.

PAUS, R.; COTSARELIS, G. "The biology of hair follicles". *New England Journal of Medicine*, v. 341, n. 7, pp. 491-7, 1999.

SAVINI, Loren. A Retrospective Look at Women's Body Hair in Pop Culture. Allure. 2018. Disponível em: <https://www.allure.com/gallery/history-of-womens-body-hair-removal>. Atualizado em: 23 abr. 2018. Acesso em: maio 2019.

Crise de espinhas
ANDERSEN, Klaus Ejner et al. *Klinisk dermatologi og venerologi*. Oslo: Gyldendal Akademisk, 2013.

GARBER, Emmy. Treatment of acne vulgaris. Waltham, MA: UpToDate Inc, 2019. Disponível em: <www.uptodate.com>. Atualizado em: out. 2018. Acesso em: maio 2019.

THIBOUTOT, Diane et al. Pathogenesis, clinical manifestations and diagnosis of acne vulgaris. Waltham, MA: UpToDate Inc, 2019. Disponível em: <www.uptodate.com>. Atualizado em: fev. 2018. Acesso em: maio 2019.

Suor
HAMBLIN, James (2016, 9 de junho). I Quit Showering, and Life Continued. *The Atlantic*. Disponível em: <https://www.theatlantic.com/health/archive/2016/06/i-stopped-showering-and-life-continued/486314/>. Acesso em: 8 ago. 2019.

INGRAM, D. L. Evaporative cooling in the pig. *Nature*, v. 207, n. 4995, p. 415, 1965.

SMITH, C. Christopher et al. "Primary focal hyperhidrosis". Waltham, MA: UpToDate Inc, 2019. Disponível em: <www.uptodate.com>. Atualizado em: abr. 2018. Acesso em: maio 2019.

STORE MEDISINSKE LEKSIKON. "Svette". 2019. Disponível em: <https://sml.snl.no/svette>. Atualizado em: 12 mar. 2019. Acesso em: 6 maio 2019.

Por dentro
ARNOLD, Carrie. Choosy Eggs May Pick Sperm for Their Genes, Defying Mendel's Law. *Quanta Magazine*. 15 nov. 2017. Disponível em: <www.quantamagazine.org/choosy-eggs-may-pick-sperm-for-their-genes-defying-mendels-law-20171115/>. Acesso em: 30 jul. 2019.

Corrimento
UPTODATE. Patient education: Vaginal discharge in adult women (Beyond the basics). Waltham, MA: UpToDate Inc, 2019. Disponível em: <www.uptodate.com>. Atualizado em: fev. 2019. Acesso em: ago. 2019.

Menstruação

DE SILVA, Nirupama K. et al. Abnormal uterine bleeding in adolescents: Management. Waltham, MA: UpToDate Inc, 2018. Disponível em: <www.uptodate.com>. Atualizado em: set. 2018. Acesso em: maio 2019.

EVENSEN, Stein A. Von Willebrands sykdom. *Store medisinske leksikon.* 14 out. 2016. Disponível em: <https://sml.snl.no/von_Willebrands_sykdom>. Acesso em: 6 maio 2019.

WELT, Corrine K. et al.. Physiology of the normal menstrual cycle. Waltham, MA: UpToDate Inc, 2019. Disponível em: <www.uptodate.com>. Atualizado em: fev. 2019. Acesso em: maio 2019.

Por que menstruamos?

EMERA, D.; ROMERO, R.; WAGNER, G. The evolution of menstruation: A new model for genetic assimilation. *BioEssays*, v. 34, n. 1, pp. 26-35, 2012.

YONKERS, Kimberly A. et al. Clinical manifestations and diagnosis of premenstrual syndrome and premenstrual dysphoric disorder. Waltham, MA: UpToDate Inc, 2018. Disponível em: <www.uptodate.com>. Atualizado em: jun. 2018. Acesso em: maio 2019.

Menstruação incômoda

BANIKARIM, Chantay. Primary Dysmenorrhea in Adolescents. Waltham, MA: UpToDate Inc, 2019. Disponível em: <www.uptodate.com>. Atualizado em: abr. 2019. Acesso em: maio 2019.

DAWOOD, M. Y. Primary dysmenorrhea: advances in pathogenesis and management. *Obstetrics and Gynecology*, v. 108, n. 2, pp. 428-41, 2006.

NEL (2014, 22 de janeiro). Toksisk sjokksyndrom. Norsk Elektronisk Legehåndbok (NEL). Acesso em: agosto de 2019.

VAN EIJK, Anna Maria et al. (2019, 16 de julho). Menstrual cup use, leakage, acceptability, safety and availability: a systematic review and meta-analysis. *Lancet Public Health.* 4:e376-93.

Pobreza menstrual

CLIFTON, Katy. Inspirational London teenager Amika George receives Global Award for #FreePeriods campaign. *Evening Standard*, 26 set. 2018. Disponível em: <www.standard. co.uk/news/london/inspirational-london-teenager-amika-george-receives-global-award- -for-freeperiodscampaign-a3946366.html>. Acesso em: set. 2019.

PLAN INTERNATIONAL UK. 1 in 10 girls have been unable to afford sanitary wear, study finds. *Plan International UK.* 2017. Disponível em: <https://plan-uk.org/media-centre/ 1-in-10-girls-have-been-unable-to-afford-sanitary-wear-survey-finds>. Acesso em: set. 2019.

YOUNG, Sarah. UK Government launches new taskforce to put an end to period poverty. *The Independent*, 26 maio 2019. Disponível em: <www.independent.co.uk/life-style/ period-povertytaskforce-government-plan-uk-procter-gamble-penny-mordaunt- a8930721.html>. Acesso em: set. 2019.

As doenças que afetam a menstruação

ROSENFELD, Robert. Diagnostic evaluation of polycystic ovary syndrome in adolescents. Waltham, MA: UpToDate Inc, 2019. Disponível em: <www.uptodate.com>. Atualizado em: mar. 2019. Acesso em: maio 2019.

SCHENKEN, Robert. Endometriosis: Pathogenesis, clinical features, and diagnosis. Waltham, MA: UpToDate Inc, 2019. Disponível em: <www.uptodate.com>. Atualizado em: jan. 2019. Acesso em: maio 2019.

Clitóris

MARAVILLA, K. A. et al. Dynamic MR Imaging of the Sexual Arousal Response in Women. *Journal of Sex & Marital Therapy*, v. 29, pp. 71-6, 2003.

Hímen

ADAMS, J. A., BOTASH, A. S.; KELLOGG, N. Differences in hymenal morphology between adolescent girls with and without a history of consensual sexual intercourse. *Archives of Pediatrics & Adolescent Medicine*, v. 158, n. 3, pp. 280-5, 2004.

BERENSON, A. et al. Appearance of the Hymen in Newborns. *Pediatrics*, v. 87, n. 4, pp. 458-65, 1991.

INDEPENDENT FORENSIC EXPERT GROUP. Statement on virginity testing. *Journal of Forensic and Legal Medicine*, v. 33, pp. 121-4, 2015.

SMITH, A. The prepubertal hymen. *Australian Family Physician*, v. 40, n. 11, p. 873, 2011.

WHITLEY, N. The first coital experience of one hundred women. *Journal of Obstetric, Gynecologic, and Neonatal Nursing*, v. 7, n. 4, pp. 41-5, 1978.

Emoções negativas e saúde mental

DØNNESTAD, Eva. Hjerneopplysning for barn. RVTS Sør. 27 jan. 2015. Disponível em: <https://rvtssor.no/aktuelt/33/hjerne-opplysning-for-barn/>. Acesso em: maio 2019.

LYNESS, Jeffrey. Unipolar depression in adults: Assessment and diagnosis. Waltham, MA: UpToDate Inc, 2016. Disponível em: <www.uptodate.com>. Atualizado em: set. 2016. Acesso em: maio 2019.

MALT, Ulrik; SVARTDAL, Frode. Stress. *Store norske leksikon*. 20 fev. 2018. Disponível em: <https://snl.no/stress>. Acesso em: 14 maio 2019.

Nasjonalt senter for selvmordsforskning og -forebygging. Hva er selvskading? Disponível em: <https://www.med.uio.no/klinmed/forskning/sentre/nssf/kunnskapsressurser/fakta-selvmord-selvskading/selvskading/>. Acesso em: 15 mar. 2019.

NHI. Psykologisk stress og sykdom. 22 jan. 2016. Disponível em: <https://nhi.no/psykisk-helse/psykiske-lidelser/stress-og-sykdom/>. Acesso em: maio 2019.

SKRE, Ingunn B. Angst. *Store medisinske leksikon*. 15 mar. 2017. Disponível em: <https://sml.snl.no/angst>. Acesso em: maio 2019.

TORGERSEN, Leila. Fakta om spiseforstyrrelser — anoreksi, bulimi og overspisingslidelse. Folkehelseinstituttet. 10 fev. 2009. Disponível em: <www.fhi.no/fp/psykiskhelse/psykiskelidelser/spiseforstyrrelser2/>. Atualizado em: 25 jan. 2016. Acesso em: 15 mar. 2019.

YOUMANNS, Mariann. *Følelser til å bli sprø av*. Oslo: Gyldendal, 2017.

Geração alfa
MADSEN, Ole Jacob. *Generasjon prestasjon — hva er det som feiler oss?*. Oslo: Universitetsforlaget, 2018.

TJERNSHAUGEN, Andreas. Egenverdi. Store norske leksikon. 12 set. 2018. Disponível em: <https://snl.no/egenverdi>. Acesso em: 12 maio 2019.

Apaixonada?
BURNER, Tony; TJORA, Aksel. Sosial kontroll. Store norske leksikon. 6 set. 2018. Disponível em: <https://snl.no/sosial_kontroll>. Acesso em: 12 maio 2019.

HARVARD WOMEN'S HEALTH WATCH (2010). Takotsubo cariomyopathy (broken-heart syndrome). Harvard Health Publishing. Disponível em: <www.health.harvard.edu/heart-health/takotsubo-cardiomyopathy-broken-heart-syndrome>. Atualizado em: 2 abr. 2018. Acesso em: 20 mar. 2019.

A escada da intimidade
BREUNER, Cora C.; MATTSON, Geri. Sexuality Education for Children and Adolescents. *Pediatrics*, v. 138, n. 2, 2016.

LINDBERG, Laura D. et al. Consequences of Sex Education on Teen and Young Adult Sexual Behaviors and Outcomes. *Journal of Adolescent Health*, v. 51, n. 4, pp. 332-8, 2012.

LOVDATA. Código Penal norueguês. Segunda parte — os atos criminosos. Capítulo 26: Crimes sexuais. 2019. Disponível em: <https://lovdata.no/dokument/NL/lov/2005-05-20-28/KAPITTEL_2-11>.

Nudes
MEDIETILSYNET. Barn-og medieundersøkelsen. 2018. Disponível em: <www.medietilsynet.no/barn-og-medier/barn-og-medier-undersokelsen/>. Acesso em: maio 2019.

Limites
POLITIET. Slik kan du beskytte deg. *Barn og unges nettbruk*. Disponível em: <www.politiet.no/rad/trygg-nettbruk/barn-og-unges-nettbruk/>. Acesso em: maio 2019.

REDD BARNA. Nettvettregler. Disponível em: <www.reddbarna.no/vaart-arbeid/barn-i-norge/nettvett/materiell-og-aktiviteter/aktiviteter/nettvettregler>. Acesso em: maio 2019.

Sobre as autoras

Nina Brochmann e Ellen Støkken Dahl são médicas e escritoras. Como calouras da faculdade de medicina, elas se conheceram devido a seu interesse mútuo pela educação sexual. Desde então trabalham juntas para transmitir conhecimentos sobre o corpo e a sexualidade a meninas e mulheres de todas as idades. Em 2017, publicaram seu primeiro livro, *Viva a vagina*, que já vendeu 300 mil cópias e foi traduzido para 36 línguas. Na Noruega, o livro foi indicado aos prêmios Brageprisen e Språkprisen. Nina trabalha como médica no Hospital Universitário de Akershus. Ellen adquiriu muitos anos de experiência em saúde juvenil nos disque ajuda SUSS e Sexo e Sociedade, onde atualmente trabalha como médica.

Sobre a ilustradora

Magnhild Winsnes é ilustradora e criadora de desenhos animados. Ela estreou em 2017 com a HQ *Hysj* (*Shhh*), que lhe rendeu uma série de prêmios, entre os quais o Kritikerprisen e o Trollkrittet, bem como o ouro no concurso Visuelt. O livro foi traduzido para várias línguas e publicado em diversos países.

Copyright © Texto: Nina Brochmann e Ellen Støkken Dahl
Copyright © Ilustrações: Magnhild Winsnes

Publicado originalmente por H. Aschehoug & Co. (W. Nygaard) AS, 2019
Publicado mediante acordo com Oslo Literary Agency and Vikings of Brazil
Agência Literária Ltda.

 Esta tradução foi publicada com o apoio financeiro de NORLA.

O selo Seguinte pertence à Editora Schwarcz S.A.

Grafia atualizada segundo o Acordo Ortográfico da Língua Portuguesa de 1990, que entrou em vigor no Brasil em 2009.

TÍTULO ORIGINAL Jenteboka: Ellen og Ninas guide til puberteten
CAPA, ILUSTRAÇÕES E PROJETO GRÁFICO Magnhild Winsnes
PREPARAÇÃO Stéphanie Roque
REVISÃO Renata Lopes Del Nero e Bonie Santos
REVISÃO TÉCNICA Deborah Teodoro

Dados Internacionais de Catalogação na Publicação (CIP)
(Câmara Brasileira do Livro, SP, Brasil)

Brochmann, Nina
  Tudo muda : Um guia alegre e sincero sobre a puberdade / Nina Brochmann, Ellen Støkken Dahl ; ilustração Magnhild Winsnes ; tradução Kristin Garrubo. — 1ª ed. — São Paulo : Seguinte, 2021.

  Título original: Jenteboka : Ellen og Ninas guide til puberteten
  ISBN 978-85-5534-166-3

  1. Menstruação 2. Saúde da mulher 3. Puberdade I. Dahl, Ellen Støkken. II. Winsnes, Magnhild. III. Título.

21-72692   CDD-613.04244

Índice para catálogo sistemático:
1. Saúde da mulher : Promoção   613.04244
Aline Graziele Benitez – Bibliotecária – CRB-1/3129

[2021]
Todos os direitos desta edição reservados à
EDITORA SCHWARCZ S.A.
Rua Bandeira Paulista, 702, cj. 32
04532-002 — São Paulo — SP
Telefone: (11) 3707-3500
www.seguinte.com.br
contato@seguinte.com.br

ESTA OBRA FOI COMPOSTA POR OSMANE GARCIA FILHO EM SWIFT
E IMPRESSA PELA GRÁFICA SANTA MARTA EM OFSETE SOBRE PAPEL ALTA ALVURA
DA SUZANO S.A. PARA A EDITORA SCHWARCZ EM AGOSTO DE 2021

A marca FSC® é a garantia de que a madeira utilizada na fabricação do papel deste livro provém de florestas que foram gerenciadas de maneira ambientalmente correta, socialmente justa e economicamente viável, além de outras fontes de origem controlada.